Björn Voetgen

Die Entwicklung des internationalen Systems zu einer neuen Ära der Bipolarität

Das Verhältnis zwischen den USA und China im Kontext der Neo-Neo Debatte

Bachelor + Master
Publishing

Voetgen, Björn: Die Entwicklung des internationalen Systems zu einer neuen Ära der Bipolarität: Das Verhältnis zwischen den USA und China im Kontext der Neo-Neo Debatte, Hamburg, Bachelor + Master Publishing 2013

Originaltitel der Abschlussarbeit: Die Entwicklung des internationalen Systems zu einer neuen Ära der Bipolarität: Das Verhältnis zwischen den USA und China im Kontext der Neo-Neo Debatte

Buch-ISBN: 978-3-95549-111-6
PDF-eBook-ISBN: 978-3-95549-611-1
Druck/Herstellung: Bachelor + Master Publishing, Hamburg, 2013
Zugl. Georg-August-Universität Göttingen, Göttingen, Deutschland, Bachelorarbeit, Mai 2012

Bibliografische Information der Deutschen Nationalbibliothek:
Die Deutsche Nationalbibliothek verzeichnet diese Publikation in der Deutschen Nationalbibliografie; detaillierte bibliografische Daten sind im Internet über http://dnb.d-nb.de abrufbar.

© Bachelor + Master Publishing, Imprint der Diplomica Verlag GmbH
Hermannstal 119k, 22119 Hamburg
http://www.diplomica-verlag.de, Hamburg 2013
Printed in Germany

Inhaltsverzeichnis

„He was, so to speak, both my partner and my adversary."

(Sovjet Premier Nikita Krushev's comment on US President John F. Kennedy,
the other Hegemonic Leader during Cold War Bipolarity)

Begriffsdefinitionen

Black box: *Fachterminus für den Untersuchungsbereich, der ausgespart bleibt*

Bipolarität: *Begriff für die Aufteilung der Staatenwelt in zwei Allianzen*

China: *Offiziell Volksrepublik China; Staat in Zentralasien; Einwohnerzahl 1,4. Mrd; Fläche 9.571.302 km²*

Großmacht: *Staat, der einen wesentlichen geopolitischen Einflussbesitzt; Begriffsabgrenzung zu Supermacht nicht eindeutig**

Interdependenz: *Wechselseitige Abhängigkeit zwischen Akteuren*

Internationale Beziehungen/Internationale Politik: *Teildisziplin der politischen Wissenschaft, deren Inhalt nach den weltpolitischen Entwicklungen und den Großtheorien, die sie zu erklären versucht, variiert.*

NATO: *Nordatlantisches Militärbündnis; 1949 gegründet; 28 Mitgliedsstaaten*

Neoliberalismus: *Theorie der Internationalen Beziehungen; wichtigster Vertreter Robert O. Keohane*

Neorealismus: *Theorie der Internationalen Beziehungen; wichtigster Vertreter Kenneth N. Waltz*

Neo-Neo Debatte: *Begriff für den Theoriedisput zwischen dem Neoliberalismus und dem Neorealismus*

Regime: *Institutionalisiertes Set von Prinzipien, Normen und Regeln*

SCO: *Zentralasiatisches Militärbündnis; 2001 gegründet; sechs Mitgliedsstaaten*

UN: *Zwischenstaatlicher Zusammenschluss; 1945 gegründet; 193 Mitgliedsstaaten*

USA: *Staat in Nordamerika; 311 Mio. Einwohner; Fläche 9.629.091 km²*

---

* Für diese Arbeit werde ich die Begriffe Regional- und Supermacht synonym verwenden. Für mittelgroße Staaten verwende ich den Begriff „regionale Großmacht"

I.   Einleitung

„Is anybody still a realist?" (Andrew Moravcsik)[1]

1. Einführung

Parallel zu dem oben angefügten Zitat von dem Politologen Andrew Moravscik schreibt Carlo Masala, selbst Anhänger des Neorealismus, in der heutigen Zeit über diese Theorie zu schreiben mute wie ein Anachronismus an.[2] In den siebziger und achtziger Jahren war der Neorealismus jedoch das womöglich meistdiskutierte Theorem der Internationalen Beziehungen.[3] Sein Schöpfer Kenneth N. Waltz entwickelte den Neorealismus vor dem Hintergrund des Kalten Krieges, bei dem sich der Großteil der Staatenwelt unter der Führung zweier Supermächte in gegenüberstehende Allianzen zusammengeschlossen hatte. Für die Anordnung der Staaten in dieser Ära prägte er den Begriff der *Bipolarität*. Zudem sorgte er mit seiner vollkommen neue Betrachtungsweise des internationalen Systems, der propagierten Bedeutungslosigkeit von innerstaatlichen Systemen für das Verhalten von Staaten oder der Würdigung von Nuklearwaffen als „great force of peace"[4] in der Fachwelt für einige Kontroversen. Seit dem Erscheinen seines Standardwerkes *Theory of International Politics* im Jahre 1979 fand sich nahezu jeder Bereich seiner Ansichten heftiger Kritik ausgesetzt.[5] Bis in die 1990er galt der Neoliberalismus als bedeutendster Kontrahent des Neorealismus, seine Führungsperson Robert O. Keohane wurde als Antipode zu Waltz betrachtet.[6] Der Neoliberalismus nahm die Staatenwelt wesentlich positiver wahr als sein Gegenüber, vor allem räumte er der zwischenstaatlichen Kooperation und internationalen Institutionen wesentlich größere Möglichkeiten ein.[7] Der intensiv geführte und bis heute andauernde Disput beider Theorien ist als *Neo-Neo Debatte* bekannt geworden.[8] In den sich bis heute immer weiter ausdifferenzierenden Internationalen Beziehungen haben beide Theorien bis

---

[1] Moravcsik, Andrew, Is anybody still a Realist?, in: International Security 24.2, 1999, S. 5-55, hier: S. 5.

[2] Vgl. Masala, Carlo, Kenneth N. Waltz. Einführung in seine Theorien und Auseinandersetzung mit seinen Kritikern, Baden-Baden 2005, hier: S. 15.

[3] Shouten, P., Theory Talk #40. Kenneth Waltz – The Physiocrat of International Politics, in: http://www.theory-talks.org/2011/06/theory-talk-40.html (abgerufen am 09.04.2012), hier: S. 3.

[4] Waltz, Kenneth N., The Origins of War in Neorealist Theory, in: The Journal of Interdisciplinary History 18.4, 1988, S. 615-628, hier: S. 624.

[5] Vgl. Waltz, Kenneth N., Theory of International Politics, Boston 1979 u. Masala, Kenneth N. Waltz, S. 77.

[6] Vgl. Masala, Kenneth N. Waltz, S. 115.

[7] Vgl Keohane, Robert O., After Hegemony. Cooperation and Discord in the World Political Economy, Princeton 1984, hier: S. 5ff.

[8] Vgl. Schörnig, Niklas, Neorealismus, in: Schieder, Siegfried u. Spindler, Manuela (Hg.), Theorien der Internationalen Beziehungen, 2. Aufl., Opladen 2006, S. 65-92, hier: S. 85f.

heute jedoch zunehmend an Bedeutung verloren. Insbesondere das Ende und die Folgen des Kalten Krieges, welches sie nicht vorhergesehen hatten, verstärkten diesen Prozess.[9]

In der internationalen Politik gilt der Aufstieg Chinas zur Supermacht als das vielleicht meistdiskutierte Thema der Gegenwart.[10] Die in diesem Zusammenhang ausgedrückten Erwartungen der Beobachter decken dabei nahezu die gesamte Bandbreite an Möglichkeiten ab. Sie reichen von hoffnungsvollen Impulsen für das internationale Wirtschaftssystem oder der Stabilisierung des amerikanischen Devisenmarktes über politische Interessenverschiebungen von West nach Ost bis hin zu Befürchtungen über einen neuen Kalten Krieg unter der Ägide der derzeitigen und der vielleicht neuen Supermacht, zwischen den Vereinigten Staaten und der Volksrepublik China. Weitgehend unbestritten steht die Vermutung, dass beide Staaten in mittlerer Zukunft einen enormen Einfluss in den internationalen Beziehungen ausüben werden. Die meisten Arbeiten zu diesem Thema scheinen jedoch einen deskriptiven Ansatz zu verfolgen. Für eine tiefgründige Auseinandersetzung ist aber ein theoretisches Fundament zu wählen. Hierfür möchte ich mich den Annahmen der beiden Neo-Theorien bedienen. Möglicherweise liefern sie ja trotz weitgehender Nichtbeachtung der Forschungswelt und trotz ihrem Unvermögen, die Veränderungen um das Ende des Kalten Krieges richtig zu deuten, hilfreiche Annahmen für zukünftige Entwicklungen.

2. Vorgehensweise

2.1. Konkretisierung der Thematik

Das Vorhaben dieser Arbeit ist es, einen Erkenntnisgewinn für die Politikwissenschaft herauszuarbeiten. Dazu ist es aufgrund der Komplexität der Thematik von Nöten, Eingrenzungen vorzunehmen.

Die seit über drei Jahrzehnten andauernde Debatte um die beiden Theorien hat sowohl Veränderungen in den Beziehungen zueinander als auch Abspaltungen von den einzelnen

---

[9] Vgl. Keohane, Robert O. u. Waltz, Kenneth N., Correspondence. The Neorealist and His Critic, in: International Security 25.3, 2000, S. 204-205, hier: S. 204 u. Keohane, Vgl. Masala, Kenneth N. Waltz, S. 118 u. 120ff.

[10] Vgl. Yiwei, Wang, China's Rise. An Unlikely Pillar of US Hegemony, in: Harvard International Review 29.1, 2007, S. 56-59, hier: S. 56.

Theorien hervorgebracht.[11] Deshalb werde ich eine Eingrenzung auf den Kern beider Theorien vornehmen.[12]

Den Theorieschwerpunkt werde ich auf den Neorealismus legen. Dieser definierte den besonderen Zustand der Bipolarität vor dem Hintergrund des Kalten Krieges. Deshalb werde ich das erste Drittel der Arbeit auf die Verknüpfung zwischen den USA und China und dem Bipolaritätsbegriff des Neorealismus aufbauen. Die anschließende Debatte werde ich auf die wesentlichen Bereiche begrenzen, die in Zusammenhang mit einer bipolaren Weltordnung stehen.

Den Zeitraum der anschließenden Untersuchung werde ich auf die Gegenwart und den Zeitraum der mittleren Zukunft der Jahre 2025-2040 eingrenzen.

Auch die Bezugsthemen für das Verhältnis der beiden Großmächte zueinander gilt es zu beschränken. Ich werde mich daher auf vieldiskutierte Fragen der internationalen Politik und der Internationalen Beziehungen fokussieren: Den wirtschaftlichen Verflechtungen beider Großmächte und der militärischen Machtgleichgewichtsbildung in Asien.

Aufgrund einiger relativ aktueller Ereignisse sehe ich des Weiteren als notwendig an, teilweise auf Publikumszeitschriften zurück zu greifen.

2.2. Fragestellungen

1. Kann man aufgrund von Prognosedaten für die Zeit nach dem Jahr 2025 von einer bipolaren Weltordnung im neorealistischen Sinn sprechen?

2. In welchen Annahmen unterscheiden und gleichen sich Neorealismus und Neoliberalismus im Kontext einer Ära der Bipolarität?

3. Wie gut können beide Theorien das derzeitige Verhältnis der beiden Großmächte China und USA vor dem Hintergrund der Entwicklung der Bipolarität beschreiben?

4. Welche Annahmen liefern beide Theorien für das prognostizierte zukünftige Verhältnis der beiden Großmächte China und USA?

---

[11] Zu der sich wechselnden Beziehung der Theorien zu einander siehe Kapitel II. 1.2.
[12] Dazu zähle ich für den Neorealismus *Theory of International Politics* von Waltz, für den Neoliberalismus *After Hegemony* von Keohane und die Debattensammlung *Neorealism and Neoliberalism* von Baldwin sowie alle Werke, die die gleichen Annahmen vertreten. Neorealistische Erweiterungen wie den offensiven Neorealismus oder die Hegemoniezyklentheorie werde ich nur am Rand behandeln.

2.3. Einführung in die Spieltheorie

Um die Aussagen ihrer theoretischen Annahmen zu verdeutlichen, greifen beide Theorien wiederholt auf die Spieltheorie der Mikroökonomie zurück.[13] Dabei bedienen sie sich Spielen in sogenannten Normalformen: Dies sind Handlungsrahmen für zwei Akteure mit jeweils zwei Handlungsoptionen, welche je nach eigener Wahl und der Wahl des Gegenübers einen gewissen Nutzen bringen. Der Nutzwert der jeweiligen Entscheidung steht in den Klammern (der erste Wert gilt für A, der zweite für B). Beide Akteure entscheiden in dieser Situation parallel zum Gegenüber. Exemplarisch sei hier das Freihandelsdilemma zwischen zwei Staaten gezeigt:

Das Freihandelsdilemma[14]

		Staat B	
		Marktöffnung	Protektion
Staat A	Marktöffnung	Freihandelsgewinn (3,3)	Zusatzgewinn B (1,4)
	Protektion	Zusatzgewinn A (4,1)	Protektionismus (2,2)

Dies ist ein Standardproblem der Internationalen Beziehungen: Beide Staaten stehen in einem Spannungsverhältnis zwischen Unsicherheit gegenüber dem anderen Staat und dem Wunsch nach Nutzenmaximierung. Daher wählen beide jeweils die Option „Protektion". Nur so können sie das schlechteste Ergebnis, selbst die Marktöffnung zu wählen, während der Kontrahent die Protektion wählt, vermeiden. Deshalb werden beide als sogenannte *dominante Strategie* die Protektion wählen. Als Folge dessen werden sie immer das Ergebnis Protektionismus erhalten.[15] Das für beide Staaten vorteilhaftere Ergebnis Freihandelsgewinn erreichen sie aufgrund von Unsicherheit nicht.

---

[13] Vgl. Snidal, Duncan, Relative Gains and the Pattern of International Cooperation, in: Baldwin, David A. (Hg.), Neorealism and Neoliberalism. The Contemporary Debate, New York 1993, S. 170-208, hier: S. 175ff.

[14] Das Freihandelsdilemma ist eine für die Internationalen Beziehungen angepasste Version des klassischen Gefangendilemmas. Für die Version von Schimmelpfennig gilt es zu beachten, dass er die Spieler entgegen den Konventionen in der Mikroökonomie umgekehrt einsetzt. Vgl. Schimmelpfennig, Frank, Internationale Politik, 2. Aufl., Paderborn 2010, hier: S. 98 u. Varian, Hal R., Grundzüge der Mikroökonomik, 8. Aufl., München 2011, S. 585.

[15] Für den Neoliberalismus gibt es Möglichkeiten, dieses Dilemma zu durchbrechen. Darauf wird an späterer Stelle eingegangen werden. Vgl. Snidal, Relative Gains, S. 17ff u. Axelrod, Robert u. Keohane, Robert O., Archiving Cooperation under Anarchy. Strategies and Institutions, in: Baldwin, David A. (Hg.), Neorealism and Neoliberalism. The Contemporary Debate, New York 1993, S. 85-115, hier S. 85ff.

II. Ausführungen zur Theoriedebatte

„The world was never bipolar because two blocs opposed each other,
but because of the preeminence of bloc leaders."[16]

1. Der Neorealismus und der Neoliberalismus

1.1. Über den Neorealismus

Kenneth N. Waltz entwarf mit seinem Neorealismus eine völlig neue Betrachtungsweise in den Internationalen Beziehungen, auch gegenüber dem Realismus, von welchem er ansonsten viele Annahmen übernommen hat. Zunächst einmal versuchte er eine „schlanke Theorie" zu erschaffen, bei der alle Variablen, die für das Verhalten zwischen Staaten nur eine geringe Erklärungskraft haben, nicht berücksichtigt werden. Dieser Ansatz wird in der IB *parsimony genannt.*[17]

Waltz versteht das internationale System als Unterteilung in drei Ebenen, oder *images*, welche wiederum unterschiedlich starke Einflüsse auf die Interaktion zwischen den Akteuren haben.[18] Das erste *image* bezeichnet die Ebene des Menschen beziehungsweise den Einfluss menschlichen Verhaltens für das internationale System. Morgenthaus Realismus definierte den Menschen als insgesamt schlechtes Wesen und kam zu dem Schluss, dass Staaten als Ansammlung von Menschen folglich ebenso schlecht handeln müssten. In dieser Beziehung widerspricht Waltz seinem geistigen Mentor[19] vollkommen: Schlussfolgerungen aufgrund anthropologischer Erkenntnisse haben ihm zufolge wenig Aussagekraft für die internationalen Beziehungen.[20] Die meisten liberalen Theorien setzen beim zweiten *image* an – der Beschaffenheit der organisierten Einheiten. Die weit verbreitete Annahme, dass Demokratien keine Kriege gegeneinander führen, sei hier stellvertretend genannt.[21] Auch diesen Ansatz verwirft Waltz. Er kommt zu dem Schluss, dass demokratische und autokratische Staaten in gleichen Situationen allzu oft ähnliche Entscheidungen treffen würden, als dass die Staatsform eine Erklärung für das Verhalten eines Staats liefern könnte. Auch Demokratien

---

[16] Waltz, Theory of International Politics, S. 130.
[17] Vgl. Schörnig, Neorealismus, S. 65f.
[18] Vgl. Waltz, Kenneth N., Man, the State and War. A Theoretical Analysis, New York 2001, hier: S. 2ff.
[19] Vgl. ders., Theory Talk#40, S. 2ff.
[20] Vgl. ders., Man, the State, and War, S. 16ff.
[21] Vgl. Waltz, Kenneth N., Structural Realism after the Cold War, in: International Security 25.1, 2000, S. 5-41, hier: S. 6f.

würden weniger das Gemeinwohl fördern als vielmehr ihre eigenen Interessen befriedigen.[22] Aus diesem Grund sind Staaten für Waltz, ganz im Sinne seiner *parsimony* Herangehensweise, sogenannte *like-units*: Gleiche Einheiten, die sich deshalb auch gleich verhalten.[23] Wichtig hierbei zu wissen ist, dass Waltz nur den Staaten Bedeutungskraft zuspricht. Internationale Organisationen haben seiner Meinung nach keinen Einfluss auf das internationale System.[24]

Diese *black-box* Annahme über Staaten muss jedoch an einer Stelle geöffnet werden. Staaten unterscheiden sich im Hinblick ihrer Machtmittel, ihrer *capabilities*.[25] Die Bandbreite der Staaten reicht von kleinen, abhängigen Ländern bis hin zu potenten Großmächten, die über enorme Machtmittel verfügen. Wie sich Staaten aber letztlich verhalten entscheiden weniger sie selber, sondern wird durch die dritte Ebene, dem internationalen System, gelenkt. Das internationale System ist bei Waltz mehr als die Summe der Staaten und stellt den entscheidenden Schlüssel zum Verständnis des Staatenverhaltens dar.[26] Im dritten *image* gibt es nur zwei Zustandsmöglichkeiten: Hierarchie, womit die Zusammenfassung aller Menschen unter einer Weltregierung gemeint ist, sowie den Status der Anarchie. Anarchie bedeutet bei Waltz „[…] the absence of government [and] is associated with the occurence of violence".[27] Da die Möglichkeit eines Konfliktes deshalb ständig gegeben ist und, wie wir wissen, es keine Organisationen gibt an die sich Staaten wenden können, leben diese in ständiger Gefahr, angegriffen zu werden. Die oberste Maxime ist deshalb für Staaten das Streben nach Sicherheit.[28] Hierin liegt eine weitere wichtige Unterscheidung zum Realismus vor. Dieser betrachtet Macht nicht als Mittel zum Zweck, um Sicherheit herzustellen, sondern als das höchste Gut, nach dem es sich zu Streben lohnt. Dadurch werden Staaten zu *offensiven Positionalisten*, welche immer dann einen Krieg führen würden, sobald sie sich davon einen Gewinn versprechen. Demgegenüber sieht der Neorealismus Staaten als *defensive Positionalisten*: Solange sich ein Staat nicht bedroht fühlt, stürzt sich dieser in keinen Konflikt.[29]

---

[22] Waltz verweist auf die Überlegung im Weißen Haus zu der Zeit vor dem amerikanischen Bürgerkrieg, zur Aufrechterhaltung des inneren Zusammenhaltes einen Kriege gegen Spanien oder Frankreich vom Zaun zu brechen. Vgl. Waltz, Man, the State, and War, S. 82.

[23] Vgl. ders., Theory of International Politics, S. 95f.

[24] Vgl. ebd., S. 93f.

[25] Vgl. ebd., S. 97ff.

[26] Vgl. Waltz, Kenneth N., The Emerging Structure of International Politics, in: International Security 18.2, 1993, S. 44-79, hier: S. 45.

[27] Ders., Theory of International Politics, S. 102.

[28] Vgl. ebd., S. 126.

[29] Dies ist eine Verallgemeinerung. Im Neorealismus gibt es eine jüngere Erweiterung des „offensiven Neorealismus", bei der John Mearsheimer der wichtigste Vertreter ist. Für ihn existieren aus vielerlei Gründen

1.2. Erweiterung oder Gegenentwurf? - Der Neoliberalismus und die Anarchie

Anders als seine liberalen Vorgänger übernimmt der Neoliberalismus einige wichtige Annahmen des Neorealismus. Das Innenleben des Staates ist für ihn für das Verständnis des internationalen Systems ebenso nachrangig. Demokratien sowie autokratische Staaten würden sich nach außen gleich verhalten und mit allen Mitteln ihren Nutzen zu maximieren versuchen.[30] Des Weiteren befindet sich für Keohane das internationale System derzeit in einem anarchischen Zustand, jedoch kommt er hierbei zu einer vollkommen anderen Annahme als Waltz. Für letzteren bedeutet Anarchie die Permanenz der Unsicherheit. Für Keohane bedeutet sie die Freiheit eines jeden Staates, in Abwesenheit einer Weltregierung selber nach Nutzenmaximierung und Kooperationsgewinnen zu streben.[31] Die Schlussfolgerungen, die damit verbunden sind und woran sich beide Theorien reiben, führen zu der noch zu behandelnden *Neo-Neo Debatte*.

Elementar für die anschließende Debatte ist noch zu klären, wie sich Neoliberalismus und Neorealismus überhaupt zueinander in Beziehung gesetzt haben. Carlo Masala verweist in einem Abschnitt seines Einführungswerks über Waltz auf die sich ändernde Einstellung Keohanes zum Neorealismus über die Zeit.[32] Zunächst als Alternative formuliert, bewegte sich Koehane mit der Zeit näher auf seinen Antipoden zu um ihm schließlich in *The Neorealist and His Critic* die Hand reichen zu wollen.[33]

In Bezug zu der vorliegenden Forschungsfrage, wie das Verhalten der beiden Großmächte im Kontext der Bipolarität zu bewerten ist, ist jedoch eine Differenzierung in zwei gegensätzliche Theorien zu treffen. Auf der einen Seite merkt Keohane an, dass der Neoliberalismus geschaffen sei, um Sachverhalte zwischen Staaten zu klären, welche gemeinsame oder einander ergänzende Interessen verfolgen – also miteinander kooperieren.[34] Beim Neorealismus ist dies anders zu bewerten. In Abschnitt II. 3.2. werde ich darlegen, dass dem Neorealismus zufolge Staaten nur Kooperationen unter der Bedingung eingehen, dass beide Seiten relative Gewinne erwirtschaften. Wie sollen demnach Kooperationen in einer bipolaren Weltordnung aussehen? Im folgenden Kapitel werde ich zeigen, dass unter der Bedingung

---

Staaten, die nach der Dominanz über andere streben. Wie wir später sehen werden, versagen seine Annahmen für diese Untersuchung, da der offensive Neorealismus die existierenden Kooperation zwischen den beiden Ländern China uns der USA nicht erklären können. Aus diesem Grund klammere ich den offensiven Neorealismus in meiner Betrachtung aus. Vgl Masala, Kenneth N. Waltz, S. 111ff u. Mearsheimer, John J., The False Promise of International Institutions, in: International Security 19.3, 1995, S. 5-49, hier: S. 12.

[30] Vgl. Schimmelpfennig, Internationale Politik, S. 91.
[31] Vgl. Masala, Kenneth N. Waltz, S. 118.
[32] Vgl. ebd., S. 116.
[33] Vgl. Keohane, The Neorealist and His Critic, S. 204.
[34] Vgl. ders., After Hegemony, S. 247.

der Bipolarität die Gewinne der einen Seite Machtverluste der anderen Seite nach sich ziehen. Wenn beide Seiten also nur Kooperationen eingehen, wenn sie relative Gewinne nach sich ziehen, jedoch jeder relative Gewinn der einen Seite die andere Seite schwächt, so dürften in der Konsequenz gar keine Kooperationen zu Stande kommen![35] Es gäbe somit keine Möglichkeit der gemeinsamen Interessenverfolgung, wie sie im Neoliberalismus zu finden ist. Dem Neorealismus zu Folge dürfte der Neoliberalismus in der Beziehung zwischen der USA und China gar keine Erklärungskraft aufweisen. Aus diesem Grund müssen beide Theorien für unsere Forschungsfrage konträr betrachtet werden.

2. Bipolarität im Neorealismus

Im folgenden Abschnitt werde ich zunächst auf Waltz' Annahmen einer bipolaren Weltordnung eingehen. Danach prüfe ich anhand seiner Definition über die Messung von Machtmitteln bei Großmächten und anhand von Datenmaterial, in wie fern bei einer Prognose für das Jahr 2025 von Bipolarität im Waltzschen Sinne gesprochen werden kann. Anschließend befasse ich mich mit der Bedeutung dieser Ergebnisse.

2.1. Theoretische Überlegungen bei Waltz

Kenneth N. Waltz entwickelte seine Theorie des Neorealismus während der Zeit des Kalten Krieges. Er beschäftigte sich in seinen Abhandlungen unter anderem mit der Frage, warum die Allianzkonstellation zwischen der NATO und dem Warschauer Pakt zu einer langen, relativ friedlichen Phase internationaler Beziehungen führte. Immerhin ist diese Beobachtung auch mit Waltz eigener Annahme, dass das internationale System unter Anarchie zu Unsicherheit bei Staaten und damit häufig zu Krieg führe, kaum vereinbar.

Waltz kommt in seinen Abhandlungen zu dem Schluss, dass unter Anarchie die bipolare Weltordnung für das höchste Maß an Stabilität sorge.[36] Wird ein Staat als mächtiger wahrgenommen als der eigene, wird nach Waltz zunächst versucht, diese Ungleichheit mit eigenen Mitteln auszugleichen, um nicht Gefahr zu laufen, angegriffen und besiegt zu werden. Diese Aufrüstung erzeugt irgendwann ein Gleichgewicht, welches jeden Staat unattraktiv für Angriffe werden lässt. Die Kosten eines Krieges wären höchstwahrscheinlich höher als der

---

[35] Hierbei ist eine Ausnahme zu treffen: Waltz schließ die Existenz von Drittstaaten, die keiner Allianz angehören, nicht aus. Kooperationen können deshalb auch von einer Großmacht eingegangen werden, allerdings nur mit diesen Drittstaaten oder aufgrund von besonderen Umstanden mit Staaten seiner Allianz. Vgl. Waltz, Kenneth N., The Stability of a Bipolar World, in: Daedalus 93.3, 1994, S. 881-909, hier: S. 888f.
[36] Vgl. Waltz, The Stability, S. 881ff.

Gewinn für den angreifenden Staat, daher lautet hierbei die Devise: Machtmittel aufzubauen, um sie nicht einsetzen zu müssen.[37] Diese *Balance of Power* genannte Gleichgewichtspolitik hat Waltz hierbei in Grundzügen von Realisten wie Morgenthau übernommen.[38] Waltz differenziert zusätzlich die inneren und die äußeren Möglichkeiten eines Staates, eine *Balance of Power* zu erzeugen. Ein Gleichgewicht mit eigenen Mitteln herzustellen wird hierbei *internes balancing* genannt. Aufgrund vorherrschender Unsicherheit gegenüber anderen Staaten ist sie die präferierte Option im Angesicht einer drohenden Gefahr.[39] Da diese Möglichkeit meistens schnell an ihre Grenzen stößt, nämlich wenn das Ungleichgewicht unüberwindbar scheint, muss auf das sogenannte *externe balancing* zurückgegriffen werden – eine Allianz von Staaten zum gegenseitigen Schutz gegen eine Großmacht. Obwohl zwischen Staaten nach Waltz in der Regel keine dauerhafte Kooperation möglich ist[40], zwingt hier jedoch die Furcht vor einer gegnerischen Großmacht kleinere Staaten zur Allianzbildung. Ob eine Großmacht als aggressiv oder friedfertig wahrgenommen wird, spielt dabei eine untergeordnete Rolle. Denn die vorherrschende Unsicherheit im internationalen System führt dazu, dass man über die Ziele eines anderen Staates letztlich immer im Unklaren bleibt und daher andere Staaten grundsätzlich misstrauisch beobachtet. Die Allianzbildung gegenüber einer Großmacht erscheint einleuchtend, führt jedoch in der Konsequenz zu einem wohl unerwarteten Ergebnis: Kommt es zu einem Machtkonflikt zwischen zwei Kontrahenten, ziehen es nach Waltz Drittstaaten vor, „[…]to join the weaker of two coalitions."[41] Um ein größtmögliches Maß an Souveränität zu genießen, hat der einzelne Staat nämlich darauf zu achten, dass keine Allianz unangreifbar mächtig wird, da diese sonst walten kann, wie es ihr beliebt. Dies macht eine Gleichgewichtsbildung wahrscheinlich.[42] So kann die Annäherung zwischen Großbritannien und der Sowjetunion während des Zweiten Weltkrieges als *Balance of Power* Politik verstanden werden, bei welcher auch größte ideologische Spannungen beiseitegelegt wurden.[43] Erst wenn es für kleinere Staaten keine Möglichkeit mehr gibt, eine übermächtige Allianz herauszufordern, kommt es zum gegenteiligen *band-wagoning* Effekt:

---

[37] Vgl. Waltz, Theory of International Politics, S. 186.
[38] Vgl. Masala, Kenneth N. Waltz, S. 52ff.
[39] Vgl. Waltz, Kenneth N., Theory of International Relations, in: Greenstein, Fred u. Polsby, Nelson W. (Hg.), Handbook of Political Science. International Politics 8, Massachusetts 1975, S. 1-86, hier: S. 36f.
[40] Vgl. ebd., S. 60.
[41] Ders., Theory of International Politics, S. 126.
[42] Vgl. Walt, Alliance Formation and the Balance of World Power, in: Security Studies 9.4, 1985, S. 3-43, hier: S. 15ff.
[43] Vgl. ebd., S. 24.

Trotz des Risikos des Souveränitätsverlusts schließt man sich lieber einer Allianz an, als diese in unterlegener Stellung herauszufordern.[44]

Wie gestaltet sich aber nun die Machtordnung innerhalb einer Allianz? Nach Waltz sammeln sich Staaten immer um eine Führungsmacht – einem Hegemon – welcher selber unangefochten stark über den einzelnen Staaten seiner Allianz steht.[45] Eine Allianzbildung unter gleichmächtigen Großmächten würde aufgrund der Unsicherheit im internationalen System nicht funktionieren. Die Konsequenz dieser Annahme ist weitreichend. Eine Bipolarität des internationalen Systems beispielsweise begründet sich also nicht in die Aufteilung in zwei Lager – oder, um es im „NATO Sprech" des Kalten Krieges zu formulieren, in Rotland und Blauland – sondern in die Sammlung von Staaten um zwei Großmächte. Hierzu sei auf das Zitat von Waltz zu Beginn dieses Kapitels hingewiesen. Begründet durch den Druck des internationalen Systems werden kleinere Staaten wie Monde in die Umlaufbahn der „Hegemonieplaneten" gezogen. Die Machtunterschiede zwischen den beiden Hegemonien definieren dabei, wie sich die Staaten um diese ordnen, damit ein Machtgleichgewicht beibehalten werden kann.[46] Um die Polarität des internationalen Systems für unsere Fragestellung zu bestimmen, muss man, möchte man Waltz' Logik folgen, lediglich schauen, wie viele Großmächte wir möglicherweise in Zukunft haben werden. Für Waltz ist die Existenz von drei Großmächten, auch wenn sich zwei davon gegen die dritte verbündet haben sollten, eine multipolare Weltordnung.[47] Die Anzahl der Großmächte bestimmt für ihn, ob wir weiterhin in einer unipolaren Welt leben werden oder uns zu einem bi- oder multipolaren System mit zwei oder mehr als zwei Großmächten entwickeln werden.

Nun bleibt noch zu klären, wie man die Macht eines Staates messen soll. Dies ist ein außerordentlich schwieriges Unterfangen. Der Neorealismus bemisst Macht darin, wie sehr man Probleme jedweder Art zu lösen im Stande ist, welche letzten Endes die Sicherheit des Staates gefährden könnten.[48] Direkt könnte man hierfür das militärische Potential als Berechnungsfaktor nehmen. Militärische Stärke ist für den Neorealismus als *fungibel* anzusehen - jedwede Probleme auf wirtschaftlicher oder politischer Ebene könnten durch sie grundsätzlich gelöst werden.[49]

Waltz schreibt, dass eine Großmacht insgesamt auf allen fünf Capabilitybereichen hervorstechen müsse. Diese sind „Size of population and territory, Resource endowment,

---

[44] Vgl. Waltz, Theory of International Politics, S. 126.
[45] Vgl. ebd., S. 130ff.
[46] Vgl. ders., The Emerging Structure, S. 77f. u. ders., Theory of International Politics, S. 126ff.
[47] Vgl. ebd., S. 98.
[48] Vgl. ebd., S. 126.
[49] In welchen Fällen diese Betrachtungsweise an seine Grenzen stößt, werde ich später noch erläutern.

Economic capability, Military strength, Political stability and competence."[50] Insgesamt bedeutet, dass die Werte in Beziehung zu setzen sind. So reicht eine herausragende Leistung in nur einem Bereich nicht aus, um als Großmacht zu gelten. Es sei an dieser Stelle nochmal darauf verwiesen, dass für Waltz die Hauptaufgabe eines Staates darin besteht, für ein größtmögliches Maß an – militärischer – Sicherheit zu sorgen.[51] Die Capabilitymessung ist daher als eine Art militärische Potentialanalyse zu verstehen – nicht nur die militärische Stärke sagt aus, wie gut sich ein Staat verteidigen kann, sondern eben auch die Einwohnerzahl, die die Anzahl der maximal einberufenen Soldaten limitiert, oder die Wirtschaftskraft, welche Aussagen dazu trifft, welche Rüstungsgüter sich ein Staat leisten kann.[52]

Es bleibt noch zu klären, welche Rolle Nuklearwaffen für die Ordnung des internationalen Systems spielen. Für die anschließende Erläuterung ist es wichtig zu verstehen, dass für Waltz die Zweitschlagfähigkeit eines Staates diesen nicht automatisch zu einer Großmacht befördert. So wurden im Kalten Krieg weder Frankreich noch England als diese wahrgenommen, obwohl sie über größere Nukleararsenale verfügten.[53] Auch lasse sich Sicherheit mit Nuklearwaffen nicht erzwingen. Als Grund hierfür sieht Waltz die weiterhin massive Aufrüstung beider Supermächte in konventionelle Kriegstechnik.[54] Zwar haben Nuklearwaffen seiner Meinung nach einen weiteren positiven Effekt auf die Stabilität einer bipolaren Weltordnung, da sie Angreifer aufgrund hoher Verlustrisiken zusätzlich abschrecken, doch verhindern sie nach Waltz „[…] neither the use of force nor the importance of balancing behavior."[55] Atomwaffen verändern demnach nicht die Wirkungsmechanismen des internationalen Systems, die auf Staaten einwirken: Die Unsicherheit besteht fort und führt weiterhin zu Gleichgewichtsbestrebungen.[56] Zu beachten ist jedoch, dass **im** internationalen System Nuklearwaffen für Waltz eine überaus wichtige Rolle spielen, da sie die Wahrscheinlichkeit von Kriegen zwischen Staaten mit Zweitschlagfähigkeit gegen Null streben lassen würden.[57]

---

[50] Waltz, Theory of International Politics, S. 131.
[51] Vgl. Schörnig, Neorealismus, S. 64.
[52] Vgl. Schimmelpfennig, Internationale Politik, S. 70.
[53] Vgl. Waltz, Kenneth N., The New World Order, in: Millenium. Journal of International Studies 22.2, 1993, S. 187-195, hier: S. 191.
[54] Vgl. ders., The Stability of a Bipolar World, S. 885f.
[55] Ders., The Emerging Structure of International Politics, S. 74.
[56] Vgl. ders., Structural Realism, S. 1.
[57] "Regarding important events, I think the most powerful shaping event occurred in August 1945 with the dropping of two atomic bombs. That was a world decisive event." Ders., Theory Talks#40, S. 2.

Für die spätere Betrachtung des Verhältnisses zwischen den USA und China sind Nuklearwaffen daher zu vernachlässigen, soweit eine Zweitschlagsfähigkeit beider Staaten mit Nuklearwaffen gegeben ist.

2.2. Datenauswertung zur Bestimmung der Polarität

In diesem Abschnitt werde ich mir nun anhand von statistischen Daten anschauen, wie viele „Machtmittel" unsere Vergleichsstaaten besitzen. Anschließend werde ich eine Auswertung vornehmen, um die Bedeutung dieser Werte über die Polarität des internationalen Systems darzustellen.

Es stellt sich vielleicht die Frage, wieso ich überhaupt eine eigene Berechnung für die Bestimmung einer Großmacht nach Waltz anfertigen werde. Jedoch lässt mich die bearbeitete Literatur zu dem Schluss kommen, dass sich die meisten Wissenschaftler beim Thema Großmächte nur auf ihr eigenes Themengebiet fokussieren: Während Wirtschaftswissenschaftler die Entwicklung des BIP von China oder den USA berechnen und damit Prognosen für die Zukunft anfertigen, konzentrieren sich Militärexperten auf die Potentiale der jeweiligen Streitkräfte. Für Waltz definiert sich jedoch eine Großmacht aus mehreren Bereichen, die gemeinsam betrachtet werden müssen. Um nicht verschiedene Daten als Grundlage zu verwenden und damit Verzerrungen zu produzieren, werden deshalb eigene Berechnungen von Nöten sein, um aussagefähige Ergebnisse zu bekommen. Als Berechnungsvorbild verwende ich neben der Definition von Waltz den von David Singer erstellten *Composite Index of National Capability (CINC).*[58]

Bei der folgenden Datenerhebung halte ich mich im Wesentlichen an die Vorgehensweise von Ikenberrys Artikel *The Rise of China and the Future of the West* von 2008 und den aktuellen Berechnungen des Monetary World Fund.[59] Für ihre Prognose verwenden sie den Wert und die durchschnittliche Wachstumsrate eines Basisjahres. Dem schließe ich mich an, verwende jedoch im Falle Ikenberrys aktuellere Daten. Als Vergleichsmaßstab wähle ich das Jahr 2025. Des Weiteren grenze ich die fünf Capabilitybereiche von Waltz auf wirtschaftliche und militärische Macht ein. Dies tue ich aus folgenden Gründen: Punkt 3 *Economic capability* und

---

[58] David Singer entwickelte 1963 eine Formel zur Berechnung von Machtfähigkeiten. Diese Formel beinhaltet sechs Faktoren und überschneidet sich teilweise mit der Definition von Waltz. Singers Berechnung nach stechen die USA und China ebenfalls aus der Staatenwelt hervor, wobei China bereits auf Platz eins zu finden ist. Vgl. Singer, David, CINC, in: http://correlatesofwar.org/COW2%20Data/Capabilities/NMC_v4_0.csv (abgerufen am 14.04.2012).

[59] Vgl. Ikenberry, John G., The Rise of China and the Future of the West. Can the Liberal System survive, in: Foreign Affairs 87, 2008, 23-37, hier: S.36f u. International Monetary Fund, World Economic Outlook Database, in: http://www.imf.org/external/pubs/ft/weo/2011/02/weodata/index.aspx (abgerufen am 13.04.2012). (abgerufen am 13.04.2012), hier: Spalte AT, AU.

Punkt 1a *Size of population* kann man zu einem Bereich zusammenfassen. Die Betrachtung erfolgt hier anhand des Bruttoinlandsprodukts, welches die Wirtschaftskraft pro Kopf mit der Einwohnerzahl eines Landes multipliziert.[60] Punkt 1b *Size of territory* werde ich hingegen ausklammern. Einerseits weisen die für unsere Betrachtung wichtigsten Länder, USA, China, Indien und Brasilien, allesamt eine große Staatenfläche auf. Andererseits wird, wie ich später zeigen werde, der weltweite Einfluss auf rohstoffreiche Länder wie in Afrika eine entscheidendere Rolle für den Status als Großmacht spielen als die eigene Größe des Landes.[61] Aus diesem Grund klammere ich auch Punkt 2 *Resource endowment* aus. Punkt 5 *Political stability and competence* ist zweifelsfrei weiterhin ein wichtiger Punkt. Jedoch ist politische Stabilität erstens schwer zu messen und zweitens weisen derzeit sowohl die chinesische als auch die amerikanische Regierung eine sehr funktionsfähige Administration auf.[62] Deshalb spare ich auch diesen Punkt aus. Die militärische Macht werde ich anhand der prozentualen Militärausgaben 2010 in Abhängigkeit des prognostizierten BIP 2025 messen. Diese vereinfachte Darstellung berücksichtigt natürlich nicht die bereits getätigten Investitionen im militärischen Bereich vor 2025. Sie ist aber deshalb eine gute Kennzahl, da einerseits die prozentualen Militärausgaben eine sehr stabile Höhe aufweisen[63] und andererseits auch bereits getätigte Investitionsgüter Instandhaltungskosten aufwerfen, die nur durch ein adäquates Militärbudget einsatzfähig bleiben. Diese finanzielle Betrachtungsweise ist ebenfalls geeigneter Indikator, da die abnehmende Wirtschaftskraft auch im Kalten Krieg der limitierender Faktor war, der den Niedergang der Sowjetunion begründete.[64] Die Nuklearkapazitäten werde ich aus bereits genannten Gründen in der Berechnung nicht gesondert auflisten.

---

[60] Ich werde das BIP zu realen Preisen in Dollar messen, da ich in diesem Fall anschließend die Vergleichsmöglichkeit mit den Daten des SIPRI Instituts über die militärischen Ausgaben der Staaten habe.
[61] Die Fläche der Volksrepublik China entspricht in der Größe jener der USA zu 99,39%. Vgl. Spiegel Online, Länderlexikon VR China, in: http://www.spiegel.de/thema/volksrepublik_china/ (abgerufen am 13.04.2012) u. Spiegel Online, Länderlexikon USA, http://www.spiegel.de/thema/usa/ (abgerufen am 13.04.2012).
[62] Für die chinesische Regierung vgl. Roach, Stephan S., Chinas Stabilitätsgambit, in: http://www.project-syndicate.org/commentary/china-s-stability-gambit/german (abgerufen am 01.04.2012).
[63] Vgl. SIPRI, Military Expenditure Database, in: http://milexdata.sipri.org/files/download/?key=349bf1713ba1e9ee9c5bd138c1618ce1&file=SIPRI+milex+data+1988-2010.xls (abgerufen am 02.04.2012).
[64] Vgl. Masala, Kenneth N. Waltz, S. 124. Beim CINC Index wird zusätzlich noch die Anzahl der Soldaten eines Landes hinzugezählt. Einerseits fließt die verwandte Variable „Bevölkerungszahl" schon in die Berechnung des BIP hinein, anderseits wird die Mannschaftsstärke der beiden Streitkräfte für potentielle Konflikte nur eine geringe Bedeutung haben. Im Fokus werden die maritimen und technologischen Fähigkeiten stehen, welche in Abhängigkeit zum Budget stehen. Dazu mehr in Abschnitt III.2.

Beim Staatenvergleich beschränke ich mich neben den USA und China auf die wirtschaftlichen Großmächte Japan und Deutschland sowie die BRIC-Staaten[65] Indien und Brasilien und die weiterhin militärische Großmacht Russland. Da „Macht" eine relative Größe ist[66], setze ich die erhaltenen Werte am Ende in Relation zu der derzeitigen Weltmacht USA.

<u>Wirtschaftsvergleich</u>

Land	Wirtschafts- wachstum 2010 (in Prozent)	BIP 2010 (in Mrd. US-Dollar)	BIP 2025 (in Mrd. US-Dollar)	Capabilitywert 2025 im Vergleich zu USA (=1)
USA	2,9	14.526,55	22.304,53	**1,00**
China	10,3	5.878,26	25.578,88	**1,15**
Japan	3,9	5.458,80	9.690,15	**0,43**
Deutschland	3,6	3.286,45	5.586,29	**0,25**
Indien	10,4	1.631,97	7.198,60	**0,32**
Brasilien	7,5	2.090,31	6.184,97	**0,28**
Russland	4,0	1.479,83	2.665,09	**0,12**

BIP 2025 berechnet anhand von konstantem Wirtschaftswachstum und BIP Wert von 2010.
Quelle: OECD für Wirtschaftswachstum und International Monetary Fund für BIP.[67]

Die Vorgehensweise, das BIP 2025 aufgrund des Werts aus dem Jahr 2010 mitsamt seinen Wachstumsraten zu prognostizieren, mag Kritik hervorrufen. Einerseits geht aber der Monetary World Fund als valide Quelle ebenso vor[68], andererseits stimmt das Verhältnis zwischen den für unsere Betrachtungen wichtigen Ländern China und USA in etwa mit Ikenberry von 2008 überein.[69]

Wichtig für diese Arbeit ist jedoch Folgendes: Auch wenn die Prognose Ungenauigkeiten aufwirft, ist der Trend doch eindeutig zu sehen: China wird höchstwahrscheinlich eine etwas stärkere Wirtschaft als die USA aufweisen, während die anderen Länder entweder ein zu geringes Wirtschaftswachstum generieren oder derzeit, wie im Falle Indiens[70], eine noch zu

---

[65] Vgl. Paludkiewicz, Karol; Paula, Georg u. Wohlrabe, Klaus, Die BRIC-Staaten. Ein ökonomischer Vergleich, in: Ifo Schnelldienst 23/2010, S. 42-50, hier: S. 42.
[66] Vgl. Waltz, Kenneth N., A Response to my Critics, in: Keohane, Robert O. (Hg.), Neorealism and its Critics, New York 1986, S. 322-346, hier: S. 333.
[67] Vgl. International Monetary Fund, World Economic Database, u. OECD, Economic Growth and Productivity, in: http://www.oecd.org/countrieslist/0,3351,en_33873108_33844430_1_1_1_1,00.html (abgerufen am 11.04.2012).
[68] Dieser prognostiziert allerdings nur BIP Werte bis zum Jahr 2016. Vgl. International Monetary Fund, World Economic Database, Spalte ATf.
[69] Vgl. Ikenberry, The Rise of China and the Future of the West, S.36.
[70] Vgl. Brzezinski, Zbigniew, Strategic Vision. America and the Crisis of Global Power, New York 2012, hier: S. 164.

schwache Wirtschaft besitzen, um mit den beiden Ländern im Betrachtungszeitraum konkurrieren zu können.

Militärausgabenvergleich

Land	Militärausgaben 2010 (in Prozent des BIP)	Militärausgaben 2010 (in Mio. US-Dollar)	Militärausgaben 2025 (in Mio. US-Dollar)	Capabilitywert 2025 im Vergleich zu USA (=1)
USA*	4,8	525.000,00	1.070.617,51	**1,00**
China*2	2,8	160.00,000	716.208,56	**0,67**
Japan	1,0	51.420,00	96.901,47	**0,09**
Deutschland	1,3	46.848,00	72.621,75	**0,07**
Indien	2,7	34.816,00	194.362,30	**0,18**
Brasilien*3	1,5	28.096,00	92.774,56	**0,09**
Russland	4,0	52.586,00	106.603,61	**0,10**

Militärausgaben 2025 berechnet anhand von Militärausgabenanteil 2010 und prognostiziertem BIP Wert von 2025.
*Für die USA gilt als Basisjahr das aktualisierte Budget 2013.[71]
*2 Für China gilt als Angabe für das Basisjahr 2010 der Annual Report to Congress.[72]
*3 Für Brasilien gilt als Basisjahr der Militärausgaben (in Prozent des BIP) 2009.
Quelle: Sipri für Militärausgaben 2010 (in Prozent des BIP).[73]

Trotz Einsparungen stechen die Militärausgaben der USA derzeit noch immer hervor. Auf detaillierte Angaben über die Kapazitäten der US-Streitkräfte kann hier nicht eingegangen werden, es sei aber gesagt, dass ihre Hegemonie im militärischen Bereich noch auf einige Jahrzehnte gesichert sei.[74] Auf dem zweiten Platz bei den Militärausgaben, wiederum mit einigem Abstand zu den nächsten Staaten, steht aber schon jetzt die Volksrepublik China. Sollte ihr Wirtschaftswachstum weiter anhalten, könnten sie bereits im Jahr 2025 ein Budget zu zwei-Dritteln der USA stellen. Mit einiger Verzögerung könnte sich dies auch in der Schlagkraft bemerkbar machen.[75] Die militärische Größe Russlands mag gering erscheinen,

---

[71] Aufgrund der schwierigen finanziellen Lage wurde kürzlich beschlossen, den US-Militärhaushalt radikal zu kürzen. Kritiker bemängeln hierbei vor allem in Zukunft sinkende Machtpotentiale gegenüber China, in: Zeit Online, Verteidigungshaushalt. US-Regierung kürzt Militär das Budget, in:
http://www.zeit.de/politik/ausland/2012-01/usa-militaer-haushalt (abgerufen am 07.04.2012).
[72] China versteckt einen großen Teil seiner Militärausgaben in anderen Budgets. Vgl. Department of Defense, Annual Report to Congress, in: http://www.defense.gov/pubs/pdfs/2011_cmpr_final.pdf (abgerufen am 08.04.2012), hier: S. 41 u. Chen, Sean u. Feffer, John, China's Military Spending. Soft Rise of Hard Threat?, in: Asian Perspective 33.4, 2009, S. 47-67, hier: S. 54.
[73] Vgl. SIPRI, Military Expenditure Database.
[74] Vgl. Layne, Christopher, China's Challenge to US Hegemony, in: Current History 107, 2008, S. 13-18, hier: S. 13.
[75] Vgl. Umbach, Frank, Geostrategische und geoökonomische Aspekte der chinesischen Sicherheits- und Rüstungspolitik zu Beginn des 21. Jahrhunderts. Die Verknüpfung traditioneller Sicherheitspolitik mit Ressourcenfragen im geopolitischen Denken Chinas, in: Schubert, Gunter (Hg.), China. Konturen einer Übergangsgesellschaft auf dem Weg in das 21. Jahrhundert, Hamburg 2001, S. 341-374, hier: S. 366 u. Department of Defense, Annual Report to Congress, S. 37ff.

jedoch muss bedacht werden, dass man heutzutage einen wesentlichen Anteil ihrer Machtprojektion dessen Nuklearkapazitäten zuschreibt, wobei nach Waltz diese alleine den Status als Großmacht nicht legitimieren.

2.3. Analyse der Entwicklung hin zur Bipolarität

Gesamtwertvergleich

Land (geordnet nach Wert)	Wirtschaftlicher Capabilitywert 2025 im Vergleich zu USA (=1)	Militärischer Capabilitywert 2025 im Vergleich zu USA (=1)	Gesamt Capabilitywert 2025 im Vergleich zu USA (=1)
USA	1,00	1,00	**1,00**
China	1,15	0,67	**0,77**
Indien	0,32	0,18	**0,06**
Japan	0,43	0,09	**0,04**
Brasilien	0,28	0,09	**0,02**
Deutschland	0,25	0,07	**0,02**
Russland	0,12	0,10	**0,01**

Folgt man der Sichtweise von Waltz, den Berechnungen von Ikenberry und den angegebenen Daten, so stechen die USA und China für unseren Betrachtungszeitraum deutlich hervor. Indiens limitierender Faktor ist die derzeit noch zu schwache Wirtschaft, die meisten anderen regionalen Großmächte werden vor allem aufgrund ihrer deutlich geringeren militärischen Kapazitäten höchstwahrscheinlich nicht zu den beiden (zukünftigen) Supermächten aufschließen können.

Mit diesen Erkenntnissen kommt man in der Definition von Waltz zu dem Schluss, dass wir es in Zukunft mit zwei Großmächten zu tun haben werden, den USA als bestehende und China als neue Großmacht.

Welche Prognosen stellt Waltz persönlich für die Zukunft auf? Vermutlich altersbedingt ist hierzu nicht mehr viel zu finden. In einem Artikel aus dem Jahr 2000 vermutete er hingegen ein schnelles Ende der alleinigen Hegemonie der USA und die Entwicklung zu einer multipolaren Weltordnung, höchstwahrscheinlich mit den weiteren Großmächten China, Japan und der EU.[76] Bei Japan stellte er jedoch die Bedingung, auch militärisch den Willen zur Großmacht zeigen zu müssen.[77] Die EU hingegen habe dafür den Willen zum

---

[76] Vgl. Waltz, Structural, S. 28ff.
[77] Vgl. ebd., S. 33f.

gemeinsamen Handeln aufzuweisen.[78] Beides ist jedoch für die nächste Zeit nicht zu erwarten, zumal sich bei Japan und China der wirtschaftliche Abstand weiter vergrößern wird. Und was schreibt Waltz zu China? „China will emerge as a great power even without trying very hard [...]"[79]

Wie schätzen andere Wissenschaftler Chinas Aufstieg ein? Der Tenor sieht eindeutig die Entwicklung Chinas zur Großmacht.[80] Hierzu sei auch Christopher Layne genannt. Der Verfasser des oft zitierten Artikels *The Unipolar Illusion. Why new great powers will rise*[81], welcher neben Waltz bereits in den neunziger Jahren des letzten Jahrhunderts einen raschen Niedergang der Weltmacht USA prognostizierte, äußert sich in einem aktuelleren Beitrag sehr optimistisch über die Entwicklung Chinas. Er verweist darin auf eine Studie, dass Chinas Militär die USA bereits im Jahr 2020 auf globaler Ebene herausfordern könne.[82] Es sei noch hinzugefügt, dass Zbigniew Brzezinski, ehemaliger Sicherheitsberater im Weißen Haus, mit einem langsameren wirtschaftlichen Wachstum von China bis zum Jahr 2025 rechnet als der International Monetary Fund.[83] Den Trend, dass China die USA wirtschaftlich übertrumpfen wird, stellt er jedoch auch nicht in Abrede. Für unseren grundsätzlichen Betrachtungszeitraum 2025-2040 ist diese Abweichung daher zu vernachlässigen. Abschließend dazu ein Zitat eines Offiziers der Air Force: „It is likely China will achieve economic and then military parity with the United States in the next two decades."[84]

Während also ein Großteil der Experten China auf dem Weg zu einer Großmacht in einer Liga mit USA sieht, vermutet die Mehrheit gleichzeitig das Aufkommen einer multipolaren Weltordnung.[85] Wie ist dies zu vereinbaren? Ich denke, ein kurzer Vorgriff auf den nächsten Absatz ist hierzu nötig. Waltz definiert Bipolarität nämlich unter anderem dadurch, dass es außerhalb der beiden Supermächte keine Peripherien gibt – alle anderen Staaten also vergleichbar stark sind.[86] Diese Vereinfachung warf unter anderem für den Neoliberalisten Duncan Snidal Kritik auf, da es, seiner Meinung nach, ja offensichtlich sei, dass es neben den

---

[78] Vgl. Waltz, Structural Realism, S. 31.

[79] Als einzige Bedingung nennt er die weiter anhaltende politische Stabilität. Diese sehe ich nach wie vor gegeben. Vgl. ebd., S. 32.

[80] Vgl. Mearsheimer, John J., China vs. USA. Der aufziehende Sturm, in: Blätter für deutsche und internationale Politik 10.10, 2010, S. 87-100, hier: S. 87ff u. Art, Robert J., The United States and the Rise of China. Implications for the Long Haul, in: Political Science Quarterly 125.3, 2010, 359-391, hier: S. 359ff.

[81] Layne, Christopher, The Unipolar Illusion. Why New Great Powers will rise, in: International Security 17.4, 1993, S. 5-51, hier: S. 5ff.

[82] Vgl. Layne, China's Challenge to US Hegemony, S. 13.

[83] Vgl. Brezinski, Strategic Vision, S. 57.

[84] Yeisley, Mark, Bipolarity, Proxy Wars and the Rise of China, in: Strategic Studies Quarterly 5.4, 2011, S. 75-91, hier: S. 82.

[85] Vgl. ebd., S. 75.

[86] Vgl. Waltz, The Stability of a Bipolar World, S. 882.

beiden Supermächten und kleineren Staaten auch noch lokale Großmächte gebe.[87] Waltz formulierte diese Annahme getreu seiner *parsimony* Argumentation: Machtunterschiede der Staaten, die nicht zu einer Großmächte gezählt werden können, spielen für das internationale System keine Bedeutung und können daher vernachlässigt werden. Andere Experten nutzen diese Annahme nicht. Sie sehen vielmehr andere BRIC-Staaten sich ebenfalls wirtschaftlich schnell entwickeln und sprechen daher von einer multipolaren Weltordnung, ohne Waltz Definition einer Großmacht zu nutzen.[88]

Halten wir also fest und beantworten damit eine der Forschungefragen: China und die USA werden in mittlerer Zukunft deutlich als Supermächte herausstechen – nach Waltz hat dies eine bipolare Weltordnung zur Folge. Dies sei die Grundlage für Abschnitt III.

Wie definiert sich aber nun der Zustand der Bipolarität? In seinem früheren Werk *Stability of a Bipolar World* nennt Waltz mehrere Gründe, warum Bipolarität zu „[…] limitation of violence in the relations of states"[89] führt. Gibt es im internationalen System nur noch eine Gegenmacht, so kann man seinen Fokus vollständig auf diese richten. Handlungen werden dadurch vorhersehbarer und berechenbarer. Kann man erkennen, dass die Gegenseite sich friedlich verhält, wird man dies ebenso tun, da man durch Aufrüstung eine Gegenreaktion hervorrufen und damit nur die eigene Sicherheit gefährden würde. Dies führt zu Stabilität. Die Aufmerksamkeit gegenüber der Gegenseite wird dadurch verstärkt, dass jeder Machtgewinn, den diese erwirtschaftet, in gleichem Maße ein relative Machteinbuße für die andere Seite bedeutet.[90] Beispielsweise sei hier der Koreakrieg Anfang der fünfziger Jahre genannt. Obwohl weit von den USA entfernt, war er deshalb von Bedeutung, da eine Eroberung des Südens durch die Kommunisten direkt das Gleichgewicht zwischen beiden Großmächten tangiert hätte.[91] Durch permanente Wachsamkeit des Gegenübers wird eine Machtungleichgewichtsentwicklung unwahrscheinlich.[92] Rekapituliert man die Vorteile der *Bipolariät* mit denen der *Balance of Power* Theorie, bemerkt man, das beide denselben Zustand beschreiben: Zwei Kontrahenten tarieren sich ständig, was trotz Unsicherheit zu hoher Stabilität führt. Warum wird dann überhaupt eine Unterscheidung getroffen? Diese Unterscheidung muss getroffen werden, da die Multi- und die Unipolarität sich entweder nicht im Gleichgewicht befinden oder Gleichgewichtspolitik dort nur zum Teil greifen kann.

---

[87] Vgl. Snidal, Relative Gains, S. 199f.
[88] Vgl. Paludkiewicz, Die BRIC-Staaten, S. 42.
[89] Waltz, The Stability of a Bipolar World, S. 882.
[90] Vgl. ebd.
[91] Vgl. ebd.
[92] Vgl. ebd., S. 882ff.

2.4. Multi- und Unipolarität

Gleichgewichtspolitik findet jedoch da ihre Grenzen, wo man aufgrund vieler vorhandener Allianzen den Überblick über die Machtmittel der jeweiligen Gruppen verliert. Dieser Nachteil einer multipolaren Welt kann zu Fehleinschätzungen und damit zu Instabilität führen. Deshalb ist die multipolare Weltordnung durch ein hohes Maß an Konflikten geprägt. Unglücklicherweise ist der Zustand der Multipolarität empirisch gesehen der Normalfall im internationalen System.[93]

Als Sonderfall der neorealistischen Unterteilung in Polaritäten ist aus zweierlei Gründen der *derzeitige*[94] Zustand der Unipolarität durch die USA zu sehen. Erstens, weil in Waltz Standardwerk *Theory of International Politics* der Begriff der Unipolarität gar nicht auftaucht, da es diesen Zustand bis dahin nie gegeben hatte![95] Seine Überlegungen hierzu arbeitete er erst in den neunziger Jahren des letzten Jahrhunderts ab.[96] Als zweiten Grund sieht Waltz in der Unipolarität nur einen kurzen, weil höchst instabilen Zustand, da in diesem Fall kein Mächtegleichgewicht hergestellt ist. Die daraus resultierenden Nachteile für das internationale System möchte ich kritisch anhand Frank Schimmelpfennigs Ausführungen in seiner Einführungsliteratur *Internationale Politik* abhandeln.[97] Schimmelpfennig missversteht Waltz Gedanken nämlich aufs Schärfste, indem er die Unipolarität als stabilste Form innerhalb des anarchischen Systems definiert.[98]

Zunächst schreibt Schimmelpfennig, dass Zentralisierung und Monopolisierung von Macht durch den Hegemon die Auswirkungen von Unsicherheit mindern würden, die auch die Entstehung eines Staates ausmachen würden. Dieser Punkt muss bereits aus zweierlei Gründen verworfen werden. Die Zentralisierung von Macht fördert im Gegenteil zu Schimmelpfennigs Behauptung die Unsicherheit im internationalen System. Unabhängig vom

---

[93] Der Westfälische Frieden von 1648 gilt als die Geburtsstunde der Staatenwelt. Waltz sieht seitdem die multipolare Weltordnung als Regelfall des internationalen Systems. Die maximale Anzahl an Großmächten wurde seitdem mit acht Staaten zu Beginn des ersten Weltkrieges erreicht. Erwartungsgemäß sieht Waltz den Grund für den Ausbruch jenes Krieges weniger in innenpolitisch-induzierten Spannungen als vielmehr in der Anzahl der Großmächte und der damit einhergehenden Unübersichtlichkeit der Staatsinteressen. Vgl. Waltz, Theories of International Politics, S. 162 u. Waltz, Structural Realism, S. 40.

[94] Unipolarität ist der Zustand, bei der "[...] a single power possesses sufficient military and economic resources to preclude any attempts to balance against it." Zu dem derzeitigen Zustand der Unipolarität positionieren sich die meisten genannten Wissenschaftler. Vgl. Waltz, The New World Order, S. 188 u. Layne, China's Challenge to US Hegemony, S. 13 u. Brzezinski, Strategic Vision, S. 89.

[95] Vgl. Shouten, Theory Talks#40, S. 5 u. Waltz, Theory of International Politics, S. 98 u S. 162.

[96] Vgl. Waltz, The New World Order, S. 187ff u. Waltz, Structural Realism after the Cold War, S. 13f.

[97] Vgl. Schimmelpfennig, Internationale Politik, S. 75.

[98] Schimmelpfennig fasst in Kapitel 3 seiner Einführungsliteratur mehrere Varianten des Realismus, darunter auch den Neorealismus, zusammen. Waltz war jedoch der erste, der eine systemische Unterteilung in Polaritäten vornahm, weshalb sich Schimmelpfennig bei seinen Aussagen auf Waltz beziehen muss, zumal der Fokus seiner Arbeit auf dem Neorealismus lagerte. Vgl. Schimmelpfennig, Internationale Politik, S. 66ff.

Auftreten der Großmacht fühlen sich Staaten durch seine unangreifbaren Machtmittel bedroht. Schimmelpfennig verkennt, dass selbst in einer Allianz die kleineren Staaten den eigenen Hegemon ebenso sehr fürchten wie einen gegnerischen.[99] Er verkennt ebenso, dass eine hohe Machtkonzentration im internationalen System keineswegs vergleichbar ist mit der Machtkonzentration innerhalb des internationalen Systems. Die Staaten als *like-units* existieren bereits und setzen alles daran, ihre Sicherheit zu maximieren.[100]

Schimmelpfennig schreibt weiter: „Weil der Hegemon nicht mit effektiver Gegenmacht konfrontiert ist, vermag er für Sicherheit und Ordnung im internationalen System zu sorgen. Er kann Aggressoren in die Schranken weisen."[101] Dementsprechend müssten die USA als friedfertig erscheinen: Kein Staat kann die USA auch nur annähernd bedrohen, und solange dies kein Staat vermag, dürften die USA kein Interesse an Kriegen haben. Verwunderlich, wenn man bedenkt, dass die USA in den letzten 21 Jahren 14 Kriege geführt haben.[102] Ein Grund, warum Waltz den derzeitigen Zustand als nicht optimal erachtet, ist die bereits erwähnte Unwissenheit über die Vorgänge innerhalb nicht verbündeter Staaten. Innerhalb der bipolaren Weltordnung des kalten Krieges musste sich die USA nur auf die Sowjetunion einstellen, kein kleinerer Staat des Warschauer Paktes hätte eigenverantwortlich Aktionen gegen die USA geführt. In einer unipolaren Weltordnung kann sich der Hegemon nicht auf alle kleinen Staaten einstellen. Unwissenheit führt hierbei leicht zu Unsicherheit und damit zu größerem Konfliktpotenzial, auch wenn der betreffende Staat gar keine bedrohlichen Absichten verfolgen sollte oder überhaupt in der Lage wäre, den Hegemon herauszufordern. So gesehen ähnelt die unipolare Weltordnung der multipolaren: Zu viele Akteure werfen einen zu großen Schatten auf das internationale System und produzieren damit größere Unsicherheit. Aufgrund eines fehlenden Gleichgewichtes sieht Waltz in der Unipolarität nur eine kurzfristige Randerscheinung, bei welcher entweder die eigenen Verbündeten die Allianz aufbrechen oder sich fremde Staaten zu einer Allianz zusammenschließen.[103] Denn nicht nur der Hegemon fürchtet kleinere Staaten, vor allem die kleineren Staaten fürchten den

---

[99] In den neunziger Jahren des letzten Jahrhunderts forderten französische Politiker, also Verbündete innerhalb der NATO (oder unterhalb der USA) eine Aufwertung der UN oder der EU, um den „amerikanischen Imperialismus" einzudämmen. Vgl. Waltz, The New World Order, S. 189.
[100] Vgl. ders., Theory of International Politics, S. 112.
[101] Vgl. Schimmelpfennig, Internationale Politik, S. 75.
[102] Vgl. Mearsheimer, China vs. USA, S. 92.
[103] Vgl. Schörnig, Neorealismus, S. 72.

Hegemon.[104] Dies ist für Waltz auch der Grund, warum Allianzen nach einem Sieg wieder zerbrechen.[105]

Aus unterschiedlichen Gründen führen Multi- und Unipolarität also zu größeren Spannungen im internationalen System als die Bipolarität. Die Unipolarität gilt nach Waltz zusätzlich als höchst instabile Form.[106] Für ihn ist es deshalb nur eine Frage der Zeit, bis die USA sich wieder mit einer Gegenmacht konfrontiert sehen.[107] Dies gilt es später zu überprüfen.

3. Die Neo-Neo Debatte im Kontext der Bipolarität

3.1. Kooperation als Scheidepunkt zwischen Neorealismus und Neoliberalismus

Der Ausgangspunkt der Theoriedebatte lässt sich meines Erachtens in drei Punkte zusammenfassen. Beide Theorien teilen die Ansicht, dass Staaten egoistisch-zweckrationale Gebilde sind, die ihren Nutzen maximieren wollen.[108] Unterscheiden tun sie sich in ihren Annahmen über das anarchische System, dass die Staaten umgibt. Dies ist die Ursache für ihre unterschiedlichen Ansichten über die Wahrscheinlichkeit des Auftretens als auch in den Auswirkungen der Kooperation. Man könnte meinen, dass beide Theorien getreu ihrer liberalen beziehungsweise realistischen Tradition ein „positives" oder „negatives" Verständnis von Kooperation vertreten.

Für den Ist-Zustand des internationalen Systems sehen beide Theorien Anarchie als gegeben an. Unterscheiden tun sie sich jedoch in den Schlussfolgerungen, die hieraus zu ziehen sind.[109] Wie bereits erwähnt, führt für den Neorealismus die Abwesenheit eines hierarchischen Systems automatisch zu der Möglichkeit eines Konfliktes.[110] Da jeder Staat aus diesem Grund nur an das eigene Überleben denkt, ist es unratsam, sich auf andere zu verlassen, denn die Gefahr eines Konfliktes ist jederzeit gegeben. Wie wir im nächsten Unterkapitel sehen werden, können sich Staaten nach neorealistischer Lesart auch auf internationale Organisationen nicht stützen, da diese als von Staaten stark beeinflusst gelten. Somit ist jeder Staat primär auf die eigene Sicherheitsmaximierung bedacht. Dieses *self-help*

---

[104] Hierzu zitiert Waltz den französischen Schriftstellers François Fénelon: "[…] no country wielding overweening power can be trusted." Waltz, The New World Order, S. 188.
[105] Vgl. ders., Theory of International Politics, S. 126.
[106] Vgl. ebd., S.128.
[107] Vgl. ders., The New World Order, S. 194.
[108] Vgl. Keohane, After Hegemony, S. 67.
[109] Vgl. Axelrod, Archiving Cooperation, S. 85ff.
[110] Vgl. Waltz, Theory of International Politics, S. 102f.

system[111] führt dazu, dass Kooperationen zwischen Staaten aus mehreren Gründen in der Regel vermieden werden.

3.2. Relative versus absolute Gewinne

Zunächst einmal ist zu befürchten, dass eine Kooperation dem Gegenüber mehr Gewinne bringen könnte als einem selber. Dieser größere Gewinn würde zu einer Machtsteigerung des anderen Staates führen. Da diesem Staat in letzter Konsequenz nie zu trauen ist, könnte die Machtsteigerung die Sicherheit des eigenen Staates gefährden und damit den Nutzen der Kooperation umkehren. Deshalb streben Staaten im Neorealismus grundsätzlich nach *relativen* und nicht nach *absoluten* Gewinnen.[112] Dieser vor allem vom Neorealisten Joseph Grieco bekanntgemachte Ansatz wirft jedoch zahlreiche Kritik auf. Zunächst einmal ist überhaupt nicht eindeutig geklärt, wie das Verhältnis zwischen relativen und absoluten Gewinnen sein muss, damit eine Kooperation eingegangen wird. So vertritt Frank Schimmelpfennig eine relativ „konservative" Ansicht, wenn er schreibt, dass bei Kooperationsüberlegungen relative neben den absoluten Gewinnen **auch** bedacht werden.[113] Grieco ist jedoch der „radikalen" Ansicht, dass Staaten überhaupt keine Kooperation mehr eingehen würden, wenn sie damit relative Verluste erwirtschaften würden, auch wenn die absoluten Gewinne sehr hoch wären.[114] Während Waltz generell davon ausgeht, dass relative Gewinne lediglich wichtiger als absolute Gewinne sind, spitzt sich für ihn die Situation in einer bipolaren Weltordnung auf relatives Gewinnbestreben gegenüber der anderen Großmacht zu.[115] Neben dieser Unklarheit übersehen Waltz und Grieco eine Lücke in ihrer Argumentation, welche vom Neoliberalismus aufgegriffen wird: Trotz der Erwirtschaftung eines relativen Verlustes könnte sich ein Staat durch einer Kooperation insgesamt gesehen relativ besser stellen. Beide Wissenschaftler betrachten bei einer Kooperation nämlich nur die

---

[111] Vgl. Waltz, Theory of International Politics, S. 105.

[112] „Ein Beispiel für absolute Gewinne zweier Staaten durch Kooperation: Staat A gewinnt durch Kooperation 50, Staat B hingegen 100 „Machteinheiten". Dies bedeutet für beide einen Vorteil der Ausgangssituation, da beider „Macht" nun *absolut* gewachsen ist." Schörnig, Neorealismus, S. 82. Im Vergleich dazu wäre die „Macht" von Staat A *relativ* gesehen durch diese Kooperation hingegen um 50 „Machteinheiten" gesunken. Vgl. Grieco, Joseph M., Anarchy and the Limits of Cooperation. A Realist Critique of the Newest Liberal Institutionalism, in: Baldwin, David A. (Hg.), Neorealism and Neoliberalism. The Contemporary Debate, New York 1993, S. 116-142, hier: S. 117f.

[113] Vgl. Schimmelpfennig, Internationale Politik, S. 72f.

[114] „[...] a state will decline to join [...] a cooperative arrangement if it believes that partners are archiving, or are likely to achieve, relatively greater gains. It will eschew cooperation even though participation in the arrangement was proving it, or would have provided it, with large absolute gains." Grieco, Anarchy, S. 128.

[115] Vgl. Powell, Robert, Absolute and Relative Gains in International Relations Theory, in: Baldwin, David A. (Hg.), Neorealism and Neoliberalism. The Contemporary Debate, New York 1993, S. 209-233, hier: S. 209.

direkt beteiligten Kontrahenten und vernachlässigen hierbei die Existenz von Drittstaaten.[116] Dieses Problem betrifft vor allem die Standardsituation des internationalen Systems – die multipolare Weltordnung.[117]

Für unser Betrachtungsfenster der beiden Großmächte innerhalb der Bipolarität können beide Probleme jedoch vernachlässigt werden. In diesem Fall streben die USA und China gegenüber der anderen Großmacht nur nach *relativen* Gewinnen um die eigene Sicherheit zu maximieren, wobei die eigenen Verbündeten nicht ins Gewicht fallen.[118]

Zur Verdeutlichung sei ein Spiel in Normalform abgebildet, bei dem die Staaten lediglich nach *relativen* Gewinnen streben:

Normalform mit relativen Gewinnen[119]

		Staat B	
		Marktöffnung	Protektion
Staat A	Marktöffnung	Freihandelsgewinn (0,0)	Zusatzgewinn A (1,-1)
	Protektion	Zusatzgewinn B (-1,1)	Protektionismus (0,0)

Beim reinen Streben nach *absoluten* Gewinnen kann es keine Zusammenarbeit geben, da eine Möglichkeit zur Nutzenmaximierung nicht existent ist.[120] Dieser Fall ist für Waltz zwischen zwei Staaten in einer bipolaren Welt annähernd gegeben.

Beim Neoliberalismus hingegen streben Staaten nach *relativen* Gewinnen.[121] Die Anarchie gibt den Staaten in diesem Fall die Freiheit, ihren wirtschaftlichen Nutzen zu maximieren, was die Möglichkeit von Kooperationsbeziehungen erhöht.[122] Nur in dem besonderen Fall, dass es lediglich zwei Akteure gibt, die nach *relativen* Gewinnen streben, gesteht der Neoliberalismus die Unmöglichkeit von Kooperation ebenso ein.[123] In unserem Beispiel einer bipolaren Welt vermutet er ebenso wie der Neorealismus zwar Schwierigkeiten bei der Kooperation zwischen den beiden Großmächten, er räumt diesen aber weiterhin hohe

---

[116] Vgl. Snidal, Relative Gains, S. 170ff.
[117] Vgl. ebd., S. 191ff.
[118] Vgl. Waltz, Theory of International Politics, S. 118f.
[119] Vgl. Snidal, Relative Gains, S. 179.
[120] Vgl. ebd., S. 183.
[121] Vgl. Powell, Absolute and Relative Gains, S. 228f.
[122] Vgl. Axelrod, archiving Cooperation, S. 85ff.
[123] Vgl. Snidel, Relative Gains, S. 170.

Kooperationsmöglichkeiten gegenüber Drittstaaten ein, da diese hier weiterhin nach *absoluten* Gewinnen streben.[124]

3.3. Abhängige oder unabhängige Variabel: Die Interdependenz

Neben der Frage nach dem Vorzug relativer oder absoluter Gewinne unterscheiden sich beide Theorien bei der Affinität von Staaten nach Interdependenz und dessen Auswirkungen. Während der Neorealismus Interdependenz lediglich als Zustand anerkennt, den Staaten versuchen zu vermeiden, weißt der Neoliberalismus ihm eine friedensstiftende Wirkung zu, welche deutliche Effekte auf das internationale System ausübt.[125] Interdependenz bezeichnet die wechselseitige Abhängigkeit zweier Staaten voneinander und begrenzt sich nicht nur auf wirtschaftliche Fragen.[126] Ab wann man von Abhängigkeit sprechen kann liegt jedoch im Auge des Betrachters. Um eine sinnvolle Analyse über Interdependenz im internationalen System durchführen zu können schlägt Schimmelpfennig eine „enge Definition" vor.[127] Demnach kann man bei einem Staat erst dann von Interdependenz sprechen, wenn dieser seine wichtigsten Aufgaben ohne die Zusammenarbeit mit anderen Staaten nur unzureichend erfüllen kann.[128] Dieser Definition werde ich mich im weiteren Verlauf anschließen.

Für den Neorealismus ist Interdependenz kein Zustand, den dieser grundsätzlich ablehnt. Waltz gesteht ein, dass die Mehrzahl der Staaten – nämlich die kleineren – interdependent sind, da sie aufgrund ihrer Schwäche nicht eigenverantwortlich für ihre Sicherheit sorgen können. Das internationale System wird im Neorealismus jedoch durch die Großmächte definiert, und diese sind nach Waltz weder abhängig noch streben sie danach, von anderen Staaten abhängig zu werden.[129] Hier liegt ein entscheidender Unterschied zwischen beiden Theorien: Obwohl der Neoliberalismus Machtunterschiede zwischen Staaten anerkennt, gelten für ihn auch Großmächte mittlerweile als Staaten, die nicht mehr aus eigener Kraft für sich sorgen können.[130]

Möchte man prüfen, welche der beiden Theorien für unsere Forschungsfrage zweckdienlicher ist, muss geklärt werden, wie man Interdependenz messen kann. Beginnen wir hier mit dem Neorealismus: Waltz fokussiert sich dabei getreu seiner *capability* Methode auf wirtschaftliche und militärische Aspekte. Wirtschaftliche Interdependenz kann man mit dem

---

[124] Vgl. Vgl. Snidel, Relative Gains, S. 199f.
[125] Vgl. Axelrod, archiving Coperation, S. 107ff.
[126] Vgl. Schimmelpfennig, Internationale Politik, S. 90.
[127] Vgl. ebd., S. 92.
[128] Vgl. ebd., S. 93.
[129] Vgl. Waltz, Theory of International Politics, S. 104
[130] Vgl. Schimmelpfennig, Internationale Politik, S. 94.

sogenannten *Offenheitsgrad* einer Volkswirtschaft messen.[131] Hierzu veröffentlichte Waltz in *Theory of International Politics* die Offenheitsgrade der multipolaren Ära vor dem ersten Weltkrieg sowie der seinerzeit vorherrschenden Bipolarität:

Offenheitsgrade ausgewählter Großmächte[132]

1909-13	U.K., France, Germany, Italy	33-52 %
1975	U.S., Soviet Union	8-14 %

Die Werte weisen aus zwei Gründen zwischen beiden Polaritäten große Unterschiede auf. Waltz vermutet, dass die Interdependenz von Großmächten in einer bipolaren Weltordnung einerseits kleiner sind, weil man in diesem Fall einen klaren Gegner hat, welchem man keine relativen Gewinne durch eine Kooperation zukommen lassen möchte. Andererseits sind Großmächte unter Bipolarität dank weniger Konkurrenten noch mächtiger als jene in einer multipolaren Weltordnung.[133] Nach dieser Argumentation müsste sich die USA als Großmacht weiterhin mit geringen Offenheitsgraden auszeichnen; China müsste bereits geringe Werte aufweisen, beziehungsweise müsste anhand von Prognosen eine Senkung der Werte erkennbar sein. Der Neoliberalismus negiert diese Ansicht. Seiner Meinung nach müssen Großmächte heutzutage ebenso auf wirtschaftliche Verflechtungen eingehen, um die Vorteile der wirtschaftlichen Spezialisierung zu nutzen.[134] Insbesondere wenn Staaten zu Großmächten aufsteigen wollen, müssten sich diese den Vorzügen der Interdependenz unterwerfen.[135] Hier liegt ein weiterer fundamentaler Unterschied zum Neorealismus vor: Dieser leugnet zwar nicht die Existenz von Interdependenz bei kleineren Staaten; Machtsteigerungen durch den Staat können jedoch nur durch das bereits erwähnte *interne balancing* wie beispielsweise militärische Aufrüstung erreicht werden. Interdependenz wäre dafür nach neorealistischer Lesart kontraproduktiv. Der Neorealismus erkennt die wirtschaftlichen Vorteile der Interdependenz an, weist aber darauf hin, dass die Unsicherheit unter Anarchie zu groß ist als dass diese genutzt werden können. Ich werde deshalb in

---

[131] Der Offenheitsgrad einer Volkswirtschaft misst die Summe aus Import und Export in Relation zum Bruttoinlandsprodukt. Vgl. Diekmann, Berend u. Meures, Martin, Der Offenheitsgrad einer Volkswirtschaft, in: www.wirtschaftsdienst.eu/downloads/getfile.php?id=2065 (abgerufen am 29.04.2012), hier: S. 1.
[132] Vgl. Waltz, Theory of International Politics, S. 141.
[133] „Moreover, the economies of the great powers in a bipolar world are less interdependent than those of the great powers of a multipolar one. The size of great powers tends to increase as their numbers fall, and the larger a state is, the greater the variety of its resources." Wie bereits erwähnt bezieht Waltz Macht auch auf geographische Größe. Dadurch verknüpft er seine Definition von Macht mit der Beobachtung, dass geographische und bevölkerungsreiche Großstaaten grundsätzlich geringere Offenheitsgrade besitzen, da diese einen größeren Binnenmarkt besitzen. Vgl. ders., The Origins of War, S. 623f u. Waltz, Theory of International Politics, S. 145.
[134] Vgl. Masala, Kenneth N. Waltz, S. 117.
[135] Vgl. Schimmelpfennig, S. 96.

Abschnitt III. ebenfalls prüfen, welche Größe der Offenheitsgrad in den letzten knapp zwanzig Jahren für China eingenommen hat.

Der Neoliberalismus propagiert des Weiteren, dass es in heutiger Zeit globale Probleme gibt, welche selbst Großmächte nicht mehr alleine lösen können. Hinzu komme, dass diese Probleme mit militärischer Macht nicht mehr zu lösen seien, was den Nutzen militärischer Macht schrumpfen ließe. Als Beispiel sei hier die globale Erwärmung genannt. Der Neorealismus erkennt diese Probleme an, erachtet jedoch in der Kosten-Nutzen-Analyse die Sicherheit als wichtigstes Gut an – demnach würde sich ein Staat erst für Umweltfragen interessieren, sobald diese die fünf Machtbereiche tangieren würden.[136] Später werde ich dazu spieltheoretisch prüfen, welche Theorie für unseren Forschungsbereich eine größere Aussagekraft besitzt.

Was die Konsequenzen von Interdependenz betrifft, laufen die Ansichten von Keohane und Waltz diametral zueinander. Der Neoliberalismus vertritt die logisch klingende und weit verbreitete Meinung, dass Interdependenz friedensaffin wirkt, da durch die hohe Abhängigkeit bei einem Konflikt jeder Staat einen „stake" zu verlieren hätte.[137] Waltz hingegen schreibt: „ […] interdependence means closeness of contact and raises the prospect of occasional conflict."[138] Für den Fall, dass beide Großmächte einen ausreichenden Interdependenzgrad aufweisen, versuche ich, unter Abschnitt III. die Aussagekraft beider Theorien zu prüfen.

3.4. Der Einfluss von Regimen

Als letzter zu behandelnder Punkt wird der Einfluss von Regimen für das internationale System betrachtet. Entgegen dem allgemeinen Sprachgebrauch sprechen Neoliberalisten von Regimen, wenn „ […] the interaction between the parties is not unconstrained or is not based on independent decision making."[139] Regime sind Regelwerke oder Normen wie vertraglich festgelegte Abkommen oder Regierungskonferenzen, welche Staaten dabei helfen, Ineffizienzen und Unsicherheiten zu verringern. Damit wirken sie wie die Interdependenz konflikthemmend.[140] Für die Etablierung von Regimen sind zuvorderst internationale

---

[136] Vgl. Schimmelpfennig, Internationale Politik, S. 94.
[137] Vgl. Keohane, Robert O. u. Martin, Lisa L., The Promise of Institutionalist Theory, in: International Security 20.1, 1995, S. 39-51, hier: S. 49.
[138] Waltz, Theory of International Politics, S. 138.
[139] Arthur Stein weist darauf hin, dass es auch beim Begriff „Regime" erhebliche Unterschiede gibt. Ich werde mich im Folgenden an seiner Definition orientieren. Vgl. Stein, Arthur, Coordination and Collaboration. Regimes in an Anarchic World, in: Baldwin, David A. (Hg.), Neorealism and Neoliberalism. The Contemporary Debate, New York 1993, S. 29-59, hier: S. 29ff.
[140] Vgl. Schimmelpfennig, Internationale Politik, S. 104.

Organisationen verantwortlich. Sie gelten für Neoliberalisten wie Staaten als eigenständige, unabhängige Akteure.[141] Staaten wenden sich an internationale Organisationen, damit diese für sie Regime implementieren und überwachen.[142] Ihre Möglichkeiten reichen von der Senkung von Kommunikationstransaktionskosten durch die Bereitstellung von Arenen über die Problemlösung von Verhandlungsschwierigkeiten (siehe Freihandelsdilemma unter Abschnitt I.2.) bis hin zur Erlassung von Sanktionen gegen Regelbrecher.

Waltz wiederspricht diesen Annahmen vollkommen. Weder haben internationale Organisationen Einfluss auf die Beziehungen zwischen Staaten, noch beeinflussen Regime Unsicherheit im internationalen System.[143] Die NATO beispielsweise gilt für ihn nicht als eigenständig handelnde Organisation, sondern als Vasallenbündnis des Hegemons USA und seinen Verbündeten. Es gilt daher unter Abschnitt III. zu überprüfen, welchen Einfluss Regime auf das Verhältnis zwischen den USA und China einnehmen werden.

3.5. Hegemonial induzierte Kooperation

Wie wir gesehen haben, werden im Neorealismus durch den Zustand der Anarchie die Möglichkeiten der Kooperation beschränkt. Es gibt jedoch einen Sonderfall, unter dem langanhaltende Kooperationsbeziehungen möglich sind. Die Polarität des internationalen Systems wird im Neorealismus durch die Anzahl der Großmächte bestimmt. Diese übernehmen innerhalb ihrer Allianz sowohl für militärische als auch wirtschaftliche Fragen Managementfunktionen.[144] Diese Verantwortung bringt naturgemäß neben größeren Rechten auch größere Pflichten mit sich. Der Hegemon betreibt innerhalb seiner Allianz einen unverhältnismäßig großen Anteil an der militärischen Sicherheit als Anreiz für kleinere Staaten, sich der Allianz anzuschließen.[145] Anhand der Daten des Sipri Instituts lässt sich ablesen, dass der prozentuale Anteil der Militärausgaben am Bruttoinlandsprodukt der Vereinigten Staaten anhaltend mehr als doppelt so groß ist wie der der sonstigen NATO Mitgliedsstaaten.[146] Ein Vorteil der Managementfunktion ist die *hegemonial induzierte Kooperation*.[147]

---

[141] Vgl. Schimmelpfennig, Internationale Politik, S. 90.
[142] Vgl. Keohane, The Neorealist and His Critic, S. 204.
[143] Vgl. Waltz, Theory of International Politics, S. 93.
[144] Vgl. Waltz, Kenneth N., Contention and Management in International Relations. Power and the Pursuit of Peace, in: World Politics 17.4, S. 720-744, hier: S. 739f.
[145] Vgl. Schörnig, Neorealismus, S. 73
[146] Vgl. SIPRI, Military Expenditure Database.
[147] Vgl. Schörnig, Neorealismus, S. 73.

Im Sinne der komparativen Kostenvorteile wird der Nutzen der Spezialisierung zumindest innerhalb der Allianz genutzt. Für die Bewertung der Anwendbarkeit beider Theorien auf die Realität werde ich in Kapitel III. 3. den wirtschaftlichen Interdependenzgrad beider Großmächte über die letzten zwanzig Jahre betrachten. Hierfür ist der Abhängigkeitsgrad dann auch unter dem Gesichtspunkt des Anteils der Verbündeten zu betrachten. Wirtschaftliche Vorteile der Interdependenz treten jedoch im Zustand hegemonial induzierter Kooperation in Wettbewerb mit der Unsicherheit auch gegenüber Verbündeten. Hierzu Grieco: „ [...] states worry that today's friend may be tomorrow's enemy in war [...]"[148] Somit gäbe es für den Neorealismus keine Möglichkeit, hohe Interdependenzgrade bei Großmächten zu erklären.

---

[148] Grieco, Anarchy and the Limits of Cooperation, S. 118.

III. Anwendungsbereiche der Theoriedebatte

> *„Structural realism [...] is not well defended by claiming that its 1970s formulation is sufficient for analyzing world politics in the twenty-first century."*[149]

1. Wirtschaftliche Interdependenzen der beiden Großmächte

1.1. Präferenzen chinesischer Wirtschaftspolitik

Um die nach Waltz Definition zu erwartende zukünftige Bipolarität in Gänze verstehen zu können, möchte ich in Teilen die innere Struktur der aufstrebenden Großmacht China betrachten. Dies ist nach neorealistischer Lesart insofern legitim, insoweit die Struktur verantwortlich ist für die Machtsteigerung eines Staates – dem *internen balancing*. China wird in einigen Jahren wirtschaftlich an die USA aufschließen können. Ich möchte daher herausarbeiten, inwieweit der Neorealismus dieses Wachstum begründen kann, beziehungsweise ob der Neoliberalismus dazu besser geeignet ist.

Die Volksrepublik China war während des Kalten Krieges neben der Sowjetunion der zweite flächendeckende und bevölkerungsreiche Staat unter kommunistischer Herrschaft.[150] Trotz grundsätzlicher ideologischer Nähe befanden sich beide Großstaaten in Distanz zueinander, 1969 kam es aufgrund von Grenzstreitigkeiten sogar zu einem Krieg zwischen ihnen. Aber auch zu den USA war das Verhältnis dauerhaft angespannt.[151]

Wie ist die Existenz eines Drittstaates, also eines Staates, der keiner Allianz angehört, in einer bipolaren Weltordnung zu erklären? Wie bereits erwähnt, wird Bipolarität nicht als Machteinteilung des internationalen Systems in zwei Lager definiert, sondern dadurch, dass zwei übermächtige Staaten gegenüber allen anderen hervorstechen. Diese ziehen automatisch eine Vielzahl kleinerer Staaten in ihren Einflussbereich. Die Existenz von Drittstaaten hat Waltz nie geleugnet. Er geht davon aus, dass diese keinen wesentlichen Einfluss im internationalen System ausüben.[152] Interessanterweise diente China neben Frankreich für Waltz als Paradebeispiel für seine Annahmen im Kalten Krieg.[153] Tatsächlich konnte sich China zu diesem Zeitpunkt auch nicht mit den beiden Großmächten messen. Weder besaß das Land nennenswerte konventionelle oder nukleare Fähigkeiten noch eine funktionierende

---

[149] Keohane, The Neorealist and His Critic, S. 204.
[150] Vgl. Waltz, The Stability, S. 892.
[151] Vgl. ebd., S. 889.
[152] Vgl. ders., Theory of International Relations, S. 168ff.
[153] Vgl. ders., Structural Realism, S. 19.

Wirtschaft.[154] Durch die ideologisch begründeten Maßnahmen der fünfziger und sechziger Jahre des letzten Jahrhunderts unter Mao Zedong befand sich das Land in einer schweren Krise. 1978 jedoch wurden unter Xiaoping wirtschaftliche Reformen verabschiedet, die die Grundlage für eine unvergleichbare wirtschaftliche Entwicklung gelegt haben. Seit über 30 Jahren generiert die Volksrepublik China, einem Uhrwerk gleich, beständig Wachstumsraten von etwa acht Prozent pro Jahr.[155]

Im Neorealismus führt die bestehende Anarchie dazu, dass Staaten Entscheidungen treffen, um Unsicherheiten zu verringern. Präferiert wird hierbei das *interne balancing*. Dies bedeutet für Waltz „ […] to increase economic capability, to increase military strength, to develop clever strategies […]"[156] Eine Vergrößerung der Wirtschaftskraft verringert somit Machtungleichgewichte und erhöht damit die Sicherheit des Staates. Soweit kann der Neorealismus Chinas Wirtschaftswachstum erklären.[157]

Wie wurde dieses Wachstum aber erreicht? Sai Ding von der University of Oxford identifiziert Privatisierung, Sektorenveränderung und den Außenhandel als die drei wichtigen Säulen für den chinesischen Aufschwung.[158]

Die Punkte eins und zwei können zweifelsohne mit der Entwicklung von *clever strategies* in Einklang gebracht werden. Wie steht es jedoch um die Einbettung in die Weltwirtschaft? Waltz Aussage fällt eindeutig aus: „The larger a state's imports and exports, the more it depends on others."[159] Interdependenzen sind auch im Neorealismus nichts Ungewöhnliches, unter der Prämisse, dass es sich wie bereits erwähnt um kleinere, schwache Staaten handelt.[160] Nach dieser Betrachtung entschließt sich das verhältnismäßig schwache China der siebziger Jahre aus Furcht vor den beiden Großmächten und aus Mangel an Alternativen dazu, neben Maßnahmen der internen Produktivitätssteigerung die Vorzüge des Außenhandels zu ergreifen. Die resultierenden Vorteile sind gewaltig. Sai Ding kommt zu dem Schluss, dass ein geschlossener chinesischer Markt jährlich zwei Prozent weniger Wachstum generieren würde.[161] Nun verringert China mit seiner großen Bevölkerung, zunehmendem militärischem Potential und wachsender Wirtschaftsleistung kontinuierlich den Abstand zu den USA. In der Logik des Neorealismus müsste diese Verringerung der Macht mit der Verringerung des

---

[154] Vgl. Waltz, The Stability, S. 887.
[155] Vgl. ten Brink, Tobias, Kooperation oder Konfrontation?. Der Aufstieg Chinas in der globalen politischen Ökonomie, in: MPIfG Working Paper 11.7, 2011, S. 1-25, hier: S. 4f.
[156] Vgl. Waltz, Theory of International Relations, S. 36.
[157] Vgl. ebd., S. 36f.
[158] Vgl. Sai, Ding u. Knight, John, Why has China Grown so Fast?. The Role of Structural Change, in: http://www.economics.ox.ac.uk/research/WP/pdf/paper415.pdf (abgerufen am 29.04.2012), S. 1-65, hier: S. 46f.
[159] Waltz, Theory of International Politics, S. 106.
[160] Vgl. ders., Structural Realism, S. 17f.
[161] Vgl. Sai, Why has China Grown so Fast, S. 23.

Offenheitsgrades der chinesischen Wirtschaft einhergehen, da dieser die Entwicklung zwar fördere, aber für unverhältnismäßig hohe Unsicherheit sorge.[162] Zum Vergleich sei hier der Offenheitsgrad seit den Reformen 1978 abgebildet:

Offenheitsgrad der Volksrepublik China (1978-2006)[163]

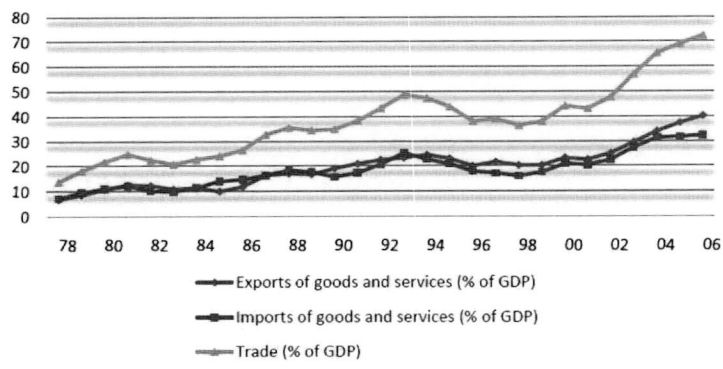

China öffnet sich seit 30 Jahren zunehmend dem Weltmarkt und erreichte 2006 einen Offenheitsgrad von 72%.[164] Diese Entwicklung wird mit dem Neorealismus nur schwer in Einklang zu bringen sein. Wie wir sehen werden, kann China beispielsweise in wirtschaftlichen Fragen nur in geringem Maße auf hegemonial induzierte Kooperation zurückgreifen (siehe Kapitel III.5). Welche anderen Möglichkeiten gibt es? In einer bipolaren Weltordnung existieren zwei Großmächte, welche bedeutend mächtiger sind als alle anderen Staaten. Möglicherweise haben diese beiden Großmächte aber im Verhältnis gesehen einen so geringen Einfluss auf die Weltwirtschaft, dass es zu einer Verschiebung zwischen relativen und absoluten Gewinnen kommt, ähnlich den Offenheitsgraden der multipolaren Großmächte unter Abschnitt II.3.3. Die Großmacht China könnte deshalb auf Interdependenzen zurückgreifen, da sie sich nicht nur auf die USA einstellen, sondern auch noch ihre wirtschaftliche Position am Weltmarkt beachten muss. Vergleichen wir dazu die Weltmarktanteile der beiden Großmächte während des Kalten Krieges mit denen der USA und China der Gegenwart:

---

[162] Vgl. Waltz, Theory of International Politics, S. 138.
[163] Vgl. Sai, Why has China Grown so Fast, S. 28.
[164] Vgl. ebd.

BIP-Anteil der beiden Großmächte am Welt-BIP

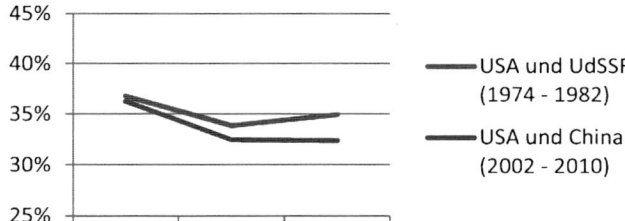

Quelle: UNCTAD für Welt-BIP und BIP 1974-1982, International Monetary Fund für BIP 2002-2010.[165]

Die Werte sind jedoch frappierend ähnlich: Die bereits heute als eine wirtschaftliche Großmacht gesehene Volksrepublik China und die USA sind wie die Großmächte des Kalten Krieges für etwa ein Drittel des weltweiten BIP verantwortlich. Auch bei den direkten wirtschaftlichen Beziehungen zwischen beiden Staaten und Annahmen des Neorealismus existiert eine Diskrepanz. Trotz vorhandener beziehungsweise verstärkender politischer Spannungen intensivieren beide Länder stetig ihre wirtschaftlichen Beziehungen. Die USA hat sich mittlerweile für China zum wichtigsten Export und viertwichtigsten Importland entwickelt.[166] Dies kann, wie bereits erwähnt, aber auch der Neoliberalismus nicht besser erklären: Im direkten Verhältnis zwischen den beiden Großmächten sieht auch dieser das Streben nach relativen Gewinnen und der Unwahrscheinlichkeit nach Kooperation als gegeben an. Cho Hyekyung schreibt, dass China und die USA ihre Beziehungen zueinander derzeit aber nicht als Nullsummenspiel ansehen. Trotz politischer Spannungen verfolgen beide Großmächte absolute wirtschaftliche Gewinne, welche sie nur gemeinsam erzielen können.[167]

1.2. Die US Wirtschaft der Gegenwart und die Volksrepublik China

Bei dem Versuch den zunehmenden Offenheitsgrad der aufstrebenden Großmacht China zu erklären, stieß der Neorealismus an seine Grenzen. Ich möchte herausarbeiten, inwieweit die derzeitig einzige Großmacht USA den neorealistischen Annahmen folgt. Nach Waltz streben Staaten grundsätzlich nach Unabhängigkeit, um Unsicherheit zu verringern. Erreichen tun

---

[165] Vgl. International Monetary Fund World Economic Outlook database, in:
http://www.imf.org/external/pubs/ft/weo/2011/02/weodata/WEOSep2011all.xls (abgerufen am 13.04.2012) u.
United Nations Conference, UNCTAD Stat, in:
http://unctadstat.unctad.org/TableViewer/tableView.aspx?ReportId=96 (abgerufen am 17.04.2012).
[166] Cho, Hyekyung, Die USA – ein unbequemer Patron für Chinas Wirtschaftswunder, in: Das Argument 48.5, 2006, S. 40-51, hier: S. 41.
[167] Vgl. ebd., S. 40f.

dies insbesondere Großmächte.[168] In dieser Konsequenz dürfte China als zunehmender Konkurrent eine abnehmende Rolle für die Vereinigten Staaten spielen. Einzig die hegemonial induzierte Kooperation könne zwischen Staaten langfristig bestehen. Dargestellt sei deshalb neben dem gesamten Offenheitsgrad der Anteil verbündeter Staaten der USA sowie der mächtiger werdenden Großmacht China.

Offenheitsgrade der Vereinigten Staaten 1994-2010

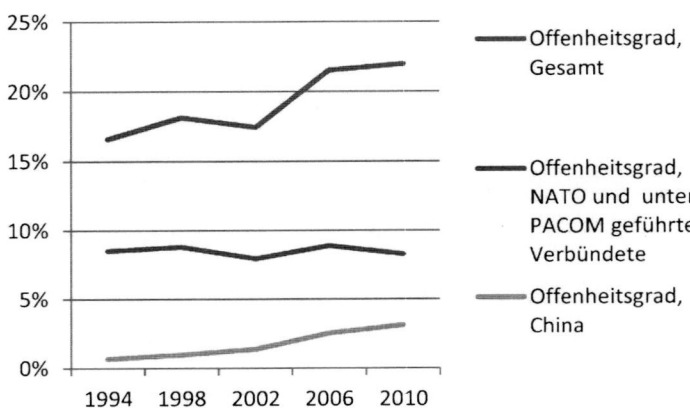

Auswahlländer gemäß NATO Bündnis und potentielle US-Verbündete eines sino-amerikanischen Krieges.[169]
Quelle: International Monetary Fund.

Wie von Waltz prognostiziert ist der Offenheitsgrad der USA gering, wobei die angeführten verbündeten Staaten lediglich die Hälfte des Handels ausmachen. Aufgrund der Stärke der US Volkswirtschaft und der verhältnismäßig geringen restlichen Interdependenz kann man Waltz Annahmen unter Vorbehalt für die USA zustimmen. Wie bereits erwähnt steigt jedoch die Verflechtung mit China zunehmend. Während die USA Chinas größter Handelspartner sind, ist China mittlerweile zum drittgrößten Handelspartner der USA aufgestiegen.[170] Der Offenheitsgrad alleine verdeckt aber das zunehmende Außenhandelsdefizit der USA gegenüber China, da die Handelsimporte aus China gegenüber den Exporten weiter schneller ansteigen. Deshalb möchte ich anhand der nächsten Grafik das Außenhandelsdefizit der USA gegenüber der Volksrepublik China herausarbeiten.

---

[168] Vgl. Waltz, Theory of International Politics, S. 104
[169] Dazu zählt Kaplan die Staaten Japan, Südkorea, Thailad, Singapur, Australien, Neuseeland und Indien. Kaplan, Robert D., How we would fight China, in: http://www.theatlantic.com/ magazine/archive/2005/06/how-we-would-fight-china/3959/ (abgerufen am 27.03.2012), S. 1-5, hier: S. 2.
[170] Vgl. Cho, Die USA, S. 41 u. Yiwei, China's Rise, S. 57.

US Außenhandelsdefizit mit der VR China in US $ (Mrd.)[171]

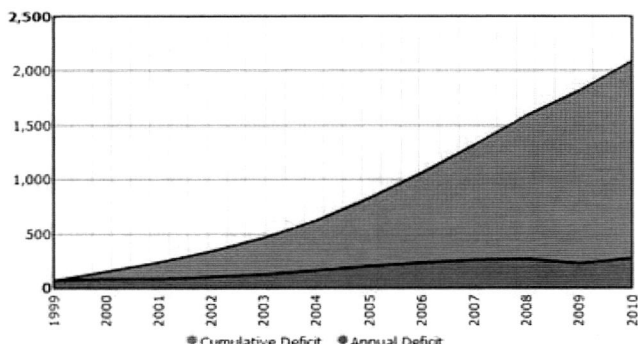

Das Außenhandelsdefizit hat sich gegenüber China von 68,6 Milliarden Dollar im Jahre 1999 auf 273 Milliarden Dollar im Jahr 2010 etwa vervierfacht.[172] Abschließend sei noch die wachsende Anzahl von US-Tochterunternehmen in China genannt, welche sich beispielsweise von 1990 bis 2003 von 66 auf 594 erhöht haben.[173]

In diesem Abschnitt sollte deutlich gemacht werden, dass die Vereinigten Staaten – wie von Waltz prognostiziert – trotz der Globalisierung eine insgesamt gesehen relativ geringen Offenheitsgrad besitzen. Die zunehmende Verflechtung mit der Volksrepublik China sticht jedoch hervor.

1.3. Korrelation zwischen Friedensaffinität und Interdependenz

Die Volksrepublik China weist bereits heute das zweitgrößte Bruttoinlandsprodukt der Welt auf und ist mit hohen Offenheitsgraden und hohen Exportquoten in die USA zugleich einflussreich als auch vom Weltgeschehen nicht unabhängig.[174] Dem Neorealismus zufolge streben Staaten mit zunehmender Macht zunehmende Unabhängigkeit an. Dies ist im Falle Chinas derzeit nicht zu beobachten. Der neorealistischen Theorie nach haben Staaten durchaus die Möglichkeit, selbstständige Entscheidungen zu treffen, sie werden jedoch unbewusst dazu gedrängt, diese nach den Konventionen des internationalen Systems zu wählen.[175] Verhält sich ein Staate jedoch konträr zu einem seinen Verpflichtungen angemessenen Handeln, also Sicherheit zu verstärken und damit auch Abhängigkeiten zu

---

[171] Vgl. Gilmore, Dan, Supply Chain News. Rethinking China, in:
http://www.scdigest.com/assets/FirstThoughts/11-04-28.php?cid=4492 (abgerufen am 04.05.2012).
[172] Vgl. ebd.
[173] Vgl. Cho, Die USA, S. 43.
[174] Vgl. ten Brink, Kooperation oder Konfrontation?, S. 1.
[175] Vgl. Waltz, A Response, S. 343f.

vermeiden, wird er auf Dauer dafür durch andere Staaten bestraft.[176] Im Falle hoher Interdependenzen zu einem anderen Staat vermutet Waltz dabei erhöhtes Konfliktpotential, da man mit seinem Kontrahenten mehr Berührungspunkte aufweist, gleichzeitig diesen aber weiterhin fürchtet und bei Kooperationen um relative Verluste bangt. Demnach müssten die hohen Interdependenzen zwischen den USA und der VR China die positive Wirkung der zukünftig zu erwartenden bipolaren Weltordnung abschwächen.[177] Zur Erinnerung sei an dieser Stelle angemerkt, dass der Neoliberalismus in hohen Interdependenzen eine stabilisierende Wirkung sieht, da diese den Nutzen eines Konfliktes weiter verringern.

Die hohe Interdependenz hat nach Ansicht der angegeben Experten tatsächlich eine befriedende Wirkung auf die bilateralen Beziehungen beider Staaten. Beide Seiten sehen die positiven Effekte ihrer Kooperation und verstärken diese sogar.[178] Deutlich formuliert es Hyekung Cho: „Dennoch [trotz politischer Spannungen, Anm.] ist festzustellen, dass die Konfrontationen zwischen beiden Staaten nachlassen. Die Basis bilden die engen wirtschaftlichen Beziehungen, die beide Staaten für ihre eigenen Zwecke nutzen."[179]

1.4. Zwischenfazit I: Engagement

Im wirtschaftlichen Bereich liegt eine große Diskrepanz zwischen theoretischen Annahmen des Neorealismus und der beschriebenen Entwicklung Chinas. Weder kann dieser die zunehmende Interdependenz Chinas erklären, noch die zunehmende Verflechtung mit dem Markt der konkurrierenden Großmacht USA. Dass beide Staaten derzeit absolute vor relative Gewinne stellen und deshalb miteinander kooperieren, widerspricht ebenfalls den Annahmen des Neorealismus.[180] Des Weiteren sei noch hinzugefügt, dass die hohen, aber asymmetrischen Beziehungen nach Waltz überhaupt nicht zu Kooperation geführt haben dürfen, da beide Staaten sich ungleichmäßig dem Kontrahenten ausliefern und somit gegenüber diesem verwundbar werden.[181] Und wie korreliert die Annahme des *internen balancing* derzeit mit dem Aufschwung Chinas? Die weiterhin hohen Offenheitsgrade stehen bereits im Kontrast zum Ursprung des *internen balancing*, Abhängigkeiten zu vermeiden, um die Sicherheit zu erhöhen.

Der Neoliberalismus kann die hohen Interdependenzgrade Chinas dahingehend erklären, als dass Anarchie für ihn weniger mit Unsicherheit korreliert und man daher eher geneigt ist,

---

[176] Vgl. Waltz, Theory of International Politics, S. 128
[177] Vgl. ebd., S. 138.
[178] Vgl. Ikenberry, The Rise of China, S. 30f u. ten Brink, Kooperation oder Konfrontation, S. 22.
[179] Cho, Die USA, S. 41.
[180] Vgl. Grieco, Anarchy and the Limits, S. 118.
[181] Vgl. Masala, Kenneth N. Waltz, S. 64.

Kooperationsvorteile zu nutzen. Egoistisch-zweckrationalen Staaten wie China präferieren deshalb auch absolute vor relativen Vorteilen.

Interessanterweise ist China das erste Land seit dem Zweiten Weltkrieg, mit dem die USA enge Wirtschaftsbeziehungen eingehen, obwohl beide Länder keine geopolitischen Verbündeten sind.[182] Hinzugefügt sei an dieser Stelle eine Vorwegnahme des nächsten Kapitels. Die Volksrepublik China ist nicht nur kein geopolitischer Verbündeter, sondern bereits seit den 2000er Jahren das Zentrum der amerikanischen Aufmerksamkeit.[183]

Wie ist die zunehmende wirtschaftliche Verflechtung trotz bestehender Unsicherheit zu erklären? Die wahrscheinlichste ist die Folgende: Einige Experten wie der US-amerikanische Politologe Robert Rosse gehen davon aus, dass China und die USA trotz ihrer Stärke „[…] are not going to be ally, nor friends, but strategic competitors."[184]

Die Vereinigten Staaten verfolgen daher eine für sie aus zwei Gründen vorteilhafte Strategie. Einerseits streben sie in Beziehung mit der VR China nach absoluten Gewinnen, sofen sich die Möglichkeit dazu ergibt, um von den höheren Synergieeffekten zusätzlich zu profitieren.[185] Andererseits binden sie trotz – oder gerade wegen – bestehender Unsicherheit gegenüber China diese so sehr in die Weltwirtschaft ein, dass die Volksrepublik praktisch in die Friedensaffinität gedrängt wird. Solange der Nutzen für China weiterhin hoch ist, scheint diese Strategie aufzugehen.[186]

Halten wir also fest, dass beide Staaten in wirtschaftlichen Fragen *absolute Gewinne* präferieren und sie aufgrund ihrer gegenseitigen Interdependenzen konfliktaffiner agieren.

2. Militärische Balance of Power Politik in Asien

2.1. Increasing Military Strength: Chinas Stärke verunsichert die USA

Die wirtschaftliche Entwicklung eines Staates legt weiterhin die Grundlage für den Aufbau seiner Streitkräfte. Im Gegensatz zu anderen Wirtschaftsmächten wie Japan oder Deutschland nutzt China seine finanziellen Möglichkeiten, um sein Militär massiv aufzurüsten.[187] Worin

---

[182] Vgl. Cho, Die USA, S. 42.
[183] Vgl. Kaplan, How we would fight China, S. 1.
[184] Vgl. Wen, Chen, Containment or Engagement?. Experts share thoughts on U.S.-Sino relations at the fifth China-U.S. Relations Conference, in: http://www.bjreview.com.cn/report/txt/2011-10/26/content_400818.htm (abgerufen am 08.05.2012).
[185] Vgl. Cho, Die USA, S. 40.
[186] Vgl. Yiwei, China's Rise, S. 59.
[187] Vgl. Chen, China's Military Spending, S. 17f u. Zeit Online, USA sind besorgt u. Mearsheimer, China vs. USA, S. 90.

ist der Grund für dieses Verhalten zu suchen? Robert D. Kaplan, einer der „top 100 global thinkers", vermutet darin lediglich Chinas Bemühung, seine Handelswege über See adäquat zu verteidigen, um den wachsenden Wohlstand seiner Bürger zu garantieren.[188] John J. Mearsheimer kommt hingegen zu dem Schluss, dass es einerseits – ganz im Sinne des Neorealismus – generell schwierig sei, die Absichten eines Landes zu erkennen. Während Chinas Admiralität davon spricht, mit seinen neuerworbenen maritimen Fähigkeiten zukünftig eine „vorgeschobene Verteidigung zur See" auszubauen, sieht die US Navy in diesen Kräften beachtliches Offensivpotential.[189] Des Weiteren könne man – so Mearsheimer – Chinas Absichten erst beurteilen, wenn ihre Fähigkeiten weiter ausgebaut sind. Derzeit seien die militärischen Fähigkeiten denen der USA klar unterlegen. Es ist jedoch davon auszugehen, dass China in Zukunft über enorme Offensivpotentiale verfügen wird.[190] Beide Großmächte verspüren durch die vorhandenen beziehungsweise anwachsenden militärischen Fähigkeiten Unsicherheit gegenüber dem anderen. Die USA befürchten hierbei ihre unipolare Vormachtstellung zu verlieren.[191] Im militärischen Bereich formiert sich deshalb eine beiderseitige *Balance of Power* Politik. Kaplan vermutet, dass es deshalb zu einem neuen Kalten Krieg kommen könnte – nur das diesmal der Schwerpunkt der Spannungen nicht in Europa, sondern in Asien zu finden sein wird.[192]

2.2. Derzeitige Balance of Power Politik am Beispiel des Konfliktherdes Taiwan

Unter Einbeziehung mehrerer Prämissen kann das Beispiel Taiwan als Vorläufer zukünftigen Verhaltens der Großmächte China und USA dienen. Die Insel Taiwan befindet sich östlich vom chinesischen Festland und verwaltet sich seit der Entstehung der Volksrepublik China unabhängig von dieser. Seit der Gründung gehört es zu Chinas Staatsräson, Taiwan wieder in das Staatsgebiet Chinas einzugliedern.[193] Aufgrund der „ein-China-Politik" Pekings und der unterschiedlichen Interessen der beiden Gebiete kam es immer wieder zu Spannungen zwischen Festland China und Taiwan. Der letzte Konflikthöhepunkt wurde 1996 erreicht,

---

[188] Vgl. Kaplan, How we would fight China, S. 1f.

[189] Vgl. Layne, China's Challenge, S. 13 u. Mearsheimer, China vs. USA, S. 90f.

[190] Vgl. Mearsheimer, China vs. USA, S. 91.

[191] Vgl. Yiwei, China's Rise, S. 56.

[192] Vgl. Kaplan, How we would fight China, S. 1. Eine ähnliche Ansicht findet sich bei Christensen, Thomas J., China, the U.S.-Japan Alliance, and the Security Dilemma in East Asia, in: International Security 23.4, 1999, S. 49-80, hier: S. 49.

[193] Ursprünglich gehörte Taiwan zum chinesischen Festland. Nach einer militärischen Niederlage 1895 gegen Japan wurde es diesem zugesprochen. Nach dem Zweiten Weltkrieg wieder China zugesprochen, kam es aufgrund des kommunistischen Umsturzes 1949 zu einer Flucht Oppositioneller auf die Insel Taiwan. Seit dem proklamieren sie als Republik China die Unabhängigkeit von der VR China, da sich letztere aus der Sicht Taiwans mit dem Umsturz selber abgespalten hätten. Vgl. Central Intelligence Agency, Taiwan, in: https://www.cia.gov/library/publications/the-world-factbook/geos/tw.html (abgerufen am 04.05.2012).

nachdem Chinas Marine als Antwort auf die erste freie Präsidentschaftswahl Taiwans Drohmanöver vor dessen Küste abhielt. Daraufhin entsandten die Vereinigten Staaten zwei Flugzeugträgerverbände in das Gebiet, um China vor weiteren Aktionen abzuhalten.[194]

Möchte man den Taiwankonflikt für die weitere Untersuchung nutzbar machen, muss zunächst eine Annahme getroffen werden.

Neorealismus und Neoliberalismus betrachten Staaten als *unitary actors*, Aussagen über die Innenpolitik eines Landes vermögen sie nicht zu machen. In neorealistischer Definition streben Staaten primär nach Sicherheit. Taiwan ist rechtlich gesehen kein eigenständiger Staat. Weder hat es sich bisher dazu erklärt, noch wird es von der Mehrzahl der Staaten anerkannt. Der Status Quo ist jedoch folgender: Taiwan verwaltet sich politisch selber und stellt eigene Streitkräfte auf, um seine Sicherheit zu erhalten. Im Sinne Waltz, dass Staaten primär seine Sicherheitsinteressen verteidigen, kann im Falle Taiwans durchaus von einem *unitary actor* gesprochen werden. Eine unabhängige Entscheidungsherbeiführung Taiwans ohne die USA ist jedoch nicht zu erwarten. Daher kann von einem bilateralen Konflikt zwischen der Volksrepublik und den USA gesprochen werden.

Welche Ziele verfolgen die Großmächte hierbei? Wie bereits angemerkt ist die Volksrepublik China seit jeher bestrebt, Taiwan wieder seinem Staatsgebiet einzuverleiben. Thomas J. Christensen schreibt in seinem Artikel *Chinese Realpolitik*, dass China hiermit – ganz im Sinne des Neorealismus - vor allem Sicherheitsinteressen vertritt.[195] Die Vereinigten Staaten hingegen stehen Taiwan seit Jahrzehnten militärisch bei und rüsten deren Armee fortlaufend auf. Die USA sehen in Taiwan ein wichtiges Gebiet in Ostasien und fürchten durch dessen Eingliederung zu China einen strategischen Nachteil.[196] Aus diesem Grund haben die USA mehrfach versichert, eine (gewaltsame) Eingliederung Taiwans militärisch zu beantworten.[197] Chinas Interesse an Taiwan ist ebenfalls so hoch, dass es 1996 ernsthaft in Betracht zog, die Insel unter Gewalt zurückzuerobern. Der Konflikt dauert bis heute an und es ist nach Ansicht einiger Experten nicht davon auszugehen, dass sich dies in naher Zukunft ändern dürfte.[198]

Aufgrund der angespannten Lage und den unverhältnismäßig hohen Kosten eines Krieges akzeptieren beide Großmächte jedoch den Status Quo eines selbstverwalteten, jedoch nicht souveränen Gebietes.[199]

---

[194] Vgl. Christensen, China, the U.S.-Japan Alliance, S. 62.

[195] Vgl. Christensen, Thomas J., Chinese Realpolitik, in: Foreign Affairs 75.5, 1996, S. 37-52, hier: S. 44f.

[196] Vgl. Chen, China's Military Expenditures, S. 60.

[197] Vgl. Layne, China's Challenge, S. 16.

[198] Vgl. Brzezinksi, Strategic Vision, S. 157f. u. Zeit Online, China bestellt US-Botschafter ein, in: www.zeit.de/politik/ausland/2011-09/china-usa-taiwan (abgerufen am 04.05.2012).

[199] Vgl. Chen, China's Military Expenditures, S. 58f.

Unter der Annahme einer bipolaren Weltordnung möchte ich deshalb spieltheoretisch untersuchen, welche Annahmen beide Theorien für die Zukunft liefern können.

Für den Neorealismus ist die Konfliktsituation sehr ergiebig. Zunächst einmal haben wir zwei Großmächte, die bestrebt sind ihre Sicherheit zu maximieren, was unweigerlich die Schwächung des anderen zur Folge hat. Das Streben nach *relativen* Gewinnen, wie ihn der Neorealismus propagiert, ist im Falle Taiwans also zu sehen.[200] Des Weiteren erklärt John J. Mearsheimer, dass es derzeit keine Institution gäbe, an die sich beide Staaten zur Konfliktvermeidung in Südostasien wenden könnten. Sie sind bei diesem Konflikt auf sich alleine gestellt.[201]

Die Konfliktsituation Taiwan möchte ich zunächst gerne als Spiel in Form des Sicherheitsdilemmas darstellen.

Unter der Prämisse, dass es sich bei Taiwan primär um eine Angelegenheit von strategischem Wert handelt, was von Experten angenommen wird, so ist die Insel sicherlich gleich (oder sehr ähnlich) wichtig für beide Großmächte.

Das Sicherheitsdilemma[202]

		China	
		Status Quo	Machtpolitischer Vorteil
USA	Status Quo	Stabilität (4,4)	Machtgewinn China (1,3)
	Machtpolitischer Vorteil	Machtgewinn USA (3,1)	Machtkonkurrenz (2,2)

Im Gegensatz zum Freihandelsdilemma (vergleiche mit Abschnitt I.2.3.) kann beim Sicherheitsdilemma der individuell höchste Wert nur durch „Kooperation"[203] erreicht werden (ausgehend von *defensiven Positionalisten*). Schimmelpfennig weist jedoch darauf hin, dass

---

[200] Es sei zu beachten, dass in diesem Falle *relative* und *absolute* Gewinne identisch sind.

[201] John J. Mearsheimer gilt selber als Anhänger des (offensiven) Realismus. Seine Annahme wird aber in der Wissenschaft weitläufig geteilt. Vgl. Mearsheimer, China vs. USA, S. 93.

[202] Vgl. Schimmelpfennig, Internationale Politik, S. 80. Es sei zu beachten, dass nach der reinen Ansicht von relativen Gewinnen „Machtkonkurrenz" und „Stabilität" für beide Staaten denselben Nutzen erbringen würde, nämlich „0,0". Die Betrachtungsweise, dass Staaten nach relativen Gewinnen streben, ist nach Studium der neorealistischen Werke aber nur da anzuwenden, wo die absoluten Gewinne größer oder gleich „0" sind. Andernfalls würden die USA, die im Jahr 2025 nur einen geringen Machtvorteil gegenüber China besitzen, mit diesen einen Atomkrieg beginnen, wenn sie wüssten, dass sie zwei Personen retten könnten und China nur eine. Danach wäre das relative Machtverhältnis nämlich „2:1".

[203] Der Begriff Kooperation ist hierbei so zu verstehen, dass beide Staaten zwar nicht miteinander agieren, aber auch nicht in dem Sinne gegeneinander, dass sie mit ihrer Handlung bewusst den Gegner, aber auch sich selber schwächen.

sich beide Spieler trotz Unsicherheit friedlich verhalten müssen, um den höchsten Nutzen „Stabilität" zu erreichen. Aufgrund des höheren Nutzens für beide, eine Kooperation einzugehen, wird diese in diesem Fall wahrscheinlicher als beim Freihandelsdilemma.[204] Hinzu kommt, dass durch die Gleichgewichtssituation in einer bipolaren Ordnung (ähnlich wie beim Taiwan Fall) durch die *Balance of Power* ein Staat den Machtgewinn zu teuer erkaufen muss, als das es sich rentiert, einen Konflikt einzugehen.

Es sei jedoch noch hinzugefügt, dass Taiwan derzeit als gutes Beispiel dient. Einer Studie der RAND Cooperation werden die USA eine Einnahme Taiwans durch China nicht mehr verhindern können, da der geographische Vorteil für dieses zu groß ist.[205]

2.3. Eindämmungspolitik der USA

Die USA fühlen sich durch Chinas wachsende militärische Fähigkeiten zunehmend bedroht.[206] Um ihre Unsicherheit zu verringern, versuchen sie neben eigenen Fähigkeitsverbesserungen über *externes balancing* ihre derzeitige Vormachtstellung gegenüber Chinas Streitkräften auszubauen. Ihr Ziel ist es, weiterhin als einzige Großmacht im System zu bestehen.[207] Neben der NATO stehen den USA hierfür weitere bilaterale Bündnisse zur Verfügung. Die wichtigsten Bündnisländer sind neben Australien mehrere Staaten in Asien. Sie werden durch das PACOM, das Pazifikkommando der Vereinigten Staaten, geleitet. Fernab der Nachrichtenlage über Afghanistan, den Irak und Iran liegt der Pazifik bereits heute im Zentrum ihrer Aufmerksamkeit.[208] Im Gegensatz zu der *engagement* Politik im wirtschaftlichen Bereich ist es bei der *hard Power* derzeit das Ziel der USA, eine *containment* Politik gegen China zu betreiben.[209] Die hierfür wichtigsten einbezogenen Länder möchte ich kurz vorstellen.

Eines der zu betrachtenden Länder ist Australien. Obwohl sich zwischen Australien und China eine gewisse Distanz befindet, muss zwischen beiden Ländern mit zunehmender Spannung gerechnet werden. Chinas Transportwege zur See führen zu einem bedeutenden Teil an der australischen Küste vorbei, was die zu Teilen auf Rohstoffimportabhängige Großmacht verwundbar macht.[210] China ist deshalb erpicht darauf, seine Seewege gesichert zu wissen. Ganz im neorealistischen Sinn wird sich nach Meinung der Experten Australien

---

[204] Vgl. Schimmelpfennig, Internationale Politik, S. 80.
[205] Vgl. Kaplan, Robert D., The Geography of Chinese Power, in: Foreign Affairs 89.3, 2010, S. 22-41, hier: 31.
[206] Vgl. Yiwei, China's Rise, S. 56.
[207] Vgl. Mearsheimer, China vs. USA, S. 91.
[208] Vgl. Kaplan, How we would fight China, S. 1.
[209] Vgl. Layne, China's Challenge, S. 14f.
[210] Vgl. Mearsheimer, China vs. USA, S. 98ff.

deshalb nicht zu Neutralitätsüberlegungen zwischen beiden Großmächten hinreißen lassen. Da China Australien wegen seiner Zufahrtsmöglichkeiten beobachtet, und Australien Chinas wachsendes Militärpotential fürchtet, wird für Canberra nur die Möglichkeit bleiben, unter dem Hegemon USA Schutz zu suchen.[211]

Ähnliche Spannungen werden sich mit Singapur ergeben. Der Verbündete der USA ist ein Anliegerstaat der Meerenge von Malakka. Diese ebenfalls von hoher Bedeutung für die Chinesen, da beispielsweise 80% der Rohölimporte Chinas hierdurch befördert werden.[212] Wegen seiner Lage und seiner Zuverlässigkeit hat sich Singapur, trotz seines autoritären Regierungssystems als strategischer Partner der US Eindämmungspolitik gegenüber China bewährt.[213]

Die *Balance of Power* Annahme lässt sich ebenfalls gut auf das Verhältnis zwischen den USA, China und Japan übertragen. Japan erlebte in den siebziger Jahren einen vergleichbaren wirtschaftlichen Aufschwung, wie China es bis heute tut. Ähnlich wie heute fühlten sich die Amerikaner dadurch – zumindest im wirtschaftlichen Bereich – bedroht und reagierten wie derzeit bei China mit einer Eindämmungspolitik.[214] Aufgrund zunehmender chinesischer Machtpotentiale sind die USA und Japan in Zukunft aufeinander angewiesen. Insbesondere Japan wird sich wegen seiner Abhängigkeit im militärischen Bereich ganz im Sinne von „der Feind meines Feindes ist mein Freund" Formel an die USA anlehnen.[215] Aufgrund seiner geographischen Lage gegenüber China und Russland sowie seines ökonomischen Potentials ist Japan für die USA hingegen der *key ally* in dieser Region. [216]

Der demokratische Staat Indien ist schon aufgrund seiner geographischen Lage und seiner riesigen Bevölkerung eine Art Rivale für die Volksrepublik China.[217] Aufgrund der schnelleren Entwicklung Chinas zur Großmacht fürchtet Indien seinen Nachbarn zunehmend. Es verbessert daher in klassischer Gleichgewichtspolitik seit einiger Zeit seine Beziehungen zu den Vereinigten Staaten.[218]

2.4. Chinas Möglichkeiten zur Herstellung des Machtgleichgewichtes

Chinas militärstrategische Überlegungen befassen sich bereits jetzt hauptsächlich mit einer möglichen Auseinandersetzung zwischen ihnen und den USA. Neben der hohen Anzahl an

---

[211] Vgl. Mearsheimer, China vs. USA, S. 98 u. Kaplan, How we would fight China, S. 2.
[212] Vgl. Chen, Chima's Military Spending, S. 59.
[213] Vgl. Kaplan, How we would fight China, S. 2.
[214] Vgl. Yiwei, China's Rise, S. 59.
[215] Vgl. Art, The United States, S. 380.
[216] Vgl. Brzezinski, Strategic Vision, S. 77.
[217] Vgl. Kaplan, The Geography of Chinese Power, S. 25.
[218] Vgl. Mearsheimer, China vs. USA, S. 97.

Verbündeten können diese auch in Zukunft gegenüber China den Trumpf des technologischen Vorsprungs ausspielen. Die Chinesen werden dies jedoch aus einer Reihe von Gründen ausgleichen können. Zunächst sei hierzu einmal auf die geographische Lage des zukünftigen Spannungsfeldes verwiesen: Während die chinesischen Streitkräfte im asiatischen Teil des Pazifiks praktisch vor ihrer Haustür operieren, müssen die USA 6000 Meilen überwinden, um sich mit ihnen messen zu können.[219] Den geographischen Vorteil wird China zusätzlich nutzen. Da es sich auf einen direkten Konflikt mit den USA einstellt, kann es sich direkt auch die Schwachstellen der gegnerischen Streitkräfte einstellen und technologische Defizite ausgleichen. Das Machtpotential der US Streitkräfte beruht zu einem wesentlichen Teil auf seinen maritimen Fähigkeiten, insbesondere seiner Flugzeugträgerverbände.[220] Diese waren bereits im Kalten Krieg denen der Sowjetunion überlegen.[221] Um diese Übermacht zu kontern, entwickelte China schlagkräftige Anti-Schiffs-Raketen, welche selber weit im Inneren des Festlandes vor Angriffen von See geschützt sind. Sie sollen erhebliche Schäden an den extrem teuren Flugzeugträgern anrichten und können nur unzureichend abgewehrt werden.[222] Aufgrund seiner militärischen Kapazitätssteigerungen werden die Streitkraft Chinas bald so stark sein, dass die USA, selbst wenn sie für einige Zeit denen Chinas überlegen sein sollten, einen erheblichen Nachteil alleine aus einem konventionellen Krieg ziehen würden.[223] Für die nukleare Zweitschlagsfähigkeit Chinas sieht es ebenso aus. Bereits im Jahr 2000 schätzte Waltz das atomare Potential Chinas als so stark ein, dass, wenn sie nicht bereits die nukleare Zweitschlagsfähigkeit gegenüber den USA besitzen, so diese in naher Zukunft jedoch jederzeit herstellen können.[224]

Das Verhalten Chinas kann gut mit dem *internen balancing* der neorealistischen *Balance of Power* Politik erklärt werden. Um die Unsicherheit gegenüber den Amerikanern abzubauen, greifen sie zusätzlich auf *externes balancing* zurück. Dazu sei die Gründung der *Shanghai Cooperation Organization* (SCO) im Jahr 2001 genannt. Mitglieder sind neben China die Staaten Russland, Kasachstan, Kirgisistan, Tadschikistan und Usbekistan.[225]

---

[219] Vgl. Mearsheimer, China vs. USA, S. 98.
[220] Vgl. Kaplan, How we would fight China, S. 3.
[221] Vgl. Art, The United States, S. 389.
[222] Vgl. Spiegel Online, Chinas Schiffskiller alarmiert US-Militärs, http://www.spiegel.de/politik/ausland/0,1518,736927,00.html (abgerufen am 17.04.2012) u Wagener, Martin, Die aufgeschobene Konfrontation. Warum China und die USA (noch) kooperieren, in: Internationale Politik 66.5, 2011, S. 112-119, hier: S. 116.
[223] Vgl. Kaplan, How we would fight China, S. 2.
[224] Waltz verweist darauf, dass nukleare Zweitschlagsfähigkeit nicht bedeutet, quantitativ und qualitativ mit seinem Kontrahenten gleichauf zu liegen, sondern, dass nach einem Angriff noch genügend Kapazitäten bereitstehen würden, den Feind ebenfalls empfindlich zu treffen. Vgl. Waltz, Structural Realism, S. 32.
[225] Vgl. Bailes, Alyson J.K. u.a., The Shanghai Cooperation Organization, in: SIPRI Policy Paper 17, 2007, hier: S. iv.

Zusammengefasst verfolgt China mit diesem Bündnis klar die Absicht, einen Machtblock zu errichten, um den Einfluss des Westens unter Führung der USA in Asien zu verringern.[226] Ersten Untersuchungen nach zeigt dieses Vorhaben für China bereits eine positive Wirkung.[227] Neben mehreren kleineren Ländern befinden sich derzeit zwei regionale Großmächte im Bündnis, neben der Volksrepublik die derzeit bedeutende militärische Macht Russland.

Wie wir bereits wissen, sammeln sich nach dem Neorealismus Staaten einer Allianz unter einer Großmacht. Widerspricht die Staatenstruktur des SCO Bündnis unter der Führung von Russland und China dann Waltz Annahme? Aus mehreren Gründen ist dies zu verneinen. Für Waltz lenkt die Struktur des internationalen Systems die *units* lediglich in eine bestimmte Richtung, diese besitzen daher immer noch gewisse Handlungsfreiheiten.[228] Eine Allianz mehrerer gleichstarker Verbündeter, wie beispielsweise die *Triple Entente* während des 1. Weltkriegs, können auch nach Waltz

Annahmen existieren, solange die äußere Bedrohung nur stark genug ist.[229] Die NATO-Osterweiterung in Europa betrachtet Russland tatsächlich auch als Bedrohung, eine Gegenallianzbildung in der SCO ist deshalb die logische Konsequenz.[230] Waltz Annahme, dass bei einer Allianz mit gleich starken Partnern trotzdem ständig mit Spannungen zu rechnen sei, trifft für unsere Beispiel ebenso zu. [231] Es sei aber darauf hingewiesen, dass dies kein dauerhafter Zustand sein wird, da aufgrund des chinesischen Wirtschaftswachstums machtpolitisch sich beide voneinander entfernen werden. Im Jahr 2025 wird die chinesische Wirtschaftskraft etwa zwölf Mal größer sein.[232]

Kaplan fügt hinzu: „[…] their current alliance [zwischen Russland und China, Anm.] is purely tactical […] In the future, with China the greater power, the United States might conceivably partner with Russia in a strategic alliance to balance against the Middle Kingdom."[233] Denken wir an die Annahmen der *Balance of Power*, dann kommen wir zu dem Schluss, dass Waltz nichts anderes behauptet. Solange also die USA mehr Machtpotenziale besitzen als die Volksrepublik, werden sich, wie Waltz annimmt, immer Staaten auf die Seite des Herausforderers stellen. Interessanterweise zieht das balancing zwischen beiden Großmächten

---

[226] Vgl. Bails, The Shanghai Cooperation Organization, S. 13ff.
[227] Vgl. ten Brink, Kooperation oder Konfrontation?, S. 17.
[228] "Structures shape and shove. They do not determine behaviors and outcomes […]" Waltz, A Response, S. 343.
[229] Vgl. Waltz, Theory of International Politics, S. 143.
[230] Vgl. ders., Structural Realism, S. 22.
[231] Vgl. Brzezinski, Strategic Vision, S. 85f.
[232] Vgl. OECD, Economic Growth and Productivity.
[233] Kaplan, The Geography of Chinese Power, S. 5.

bereits weitere Kreise als bis zu den nahegelegenen oder angrenzenden Ländern Chinas. Durch die Verbesserung der indisch-amerikanischen Beziehungen ist zu erwarten, dass sich Pakistan auf die Seite Chinas stellen wird.[234]

2.5. Zwischenfazit II: Containment

Die Annahmen des Neorealismus lassen sich auf die derzeitigen und die prognostizierten Beziehungen zwischen den USA und der Volksrepublik China im militärischen Bereich gut übertragen.

Gemäß der Definition der Bipolarität (preeminence of bloc leaders) stellen sich die zwei überlegenen Großmächte aufeinander ein, während sich kleinere Staaten aufgrund von Unsicherheit einer der beiden Mächte zum Schutz unterordnen.[235] Neben diesem *externen balancing* versuchen beide Mächte auch durch *internes balancing* (beispielsweise die Entwicklung von Anti-Schiffs-Raketen) ein Machtgleichgewicht herzustellen. Der derzeitige unipolare Hegemon USA versucht, durch eine Eindämmungsstrategie die Volksrepublik China an der Einflussnahme zu hindern. Wird dies gelingen? Ich denke, das Verhalten Russlands gibt hierauf eine gute Erklärung. Solange die USA mehr Machtmittel als China besitzen, werden Staaten sich einer Gegenmacht anschließen, um ein Gleichgewicht herzustellen. Es ist daher zu erwarten, dass die Conteinmentpolitik der USA nie vollständig gelingen kann, um Chinas Aufstieg aufzuhalten.[236]

Welche Erklärungskraft besitzt der Neoliberalismus für den militärischen Bereich? Um es klar zu sagen: eine sehr geringe. Es ist deutlich geworden, dass beide Staaten USA bei der Sicherheit primär nach relativen Gewinnen streben, da sie nicht möchten, dass sie ihre Vormachtstellung abtreten müssen. Des Weiteren ist eine militärische Interdependenz zwischen beiden Staaten praktisch nicht vorhanden.[237]

Inwiefern können Regime die rein militärischen Spannungen abmildern? Mearsheimer erwähnt diesbezüglich, dass es keine Instanz gebe, an die sich beide Seiten bei Konflikten wenden können.[238] Der ehemalige US-Außenminister und bekennende *Realpolitiker*[239] Henry

---

[234] Vgl. Brzezinski, Strategic Vision, S. 165f.
[235] Vgl. Ikenberry, The Rise of China, S. 34.
[236] Dies ist eine theoretische Verallgemeinerung. Politische Spannungen, die aufgrund innerpolitischer Unterschiede wie bei China und Japan beispielsweise verstärkt werden, können mit dem Neorealismus erklärt werden. Es gibt Waltz vielmehr um eine allgemeine Tendenz. Dazu auch Abschnitt III.3.2. Vgl.
[237] Beide Staaten kooperieren, auch in militärischen Fragen, in verschiedenen Problemfeldern wie dem internationalen Terrorismus oder bei UN Friedenseinsätzen gut zusammen, solange es sich dabei nicht um bilaterale Angelegenheiten handelt. Vgl. Chen, China's Military Spending, S. 51f.
[238] Vgl. Mearsheimer, China vs. USA, S. 93.

A. Kissinger schätz dies ebenso ein, fordert aber gerade deshalb eine pazifische Organisation, um Streitigkeiten zu vermindern.[240] Fraglich bleibt aber, ob diese Organisation einen signifikanten Einfluss auf die Unsicherheit der beiden Großmächte ausüben könnte. Weiter oben im Text habe ich bereits angemerkt, dass der Neoliberalismus nur da Erklärungskraft besitzt, wo zwei Kontrahenten nach Kooperation streben. Dazu Keohane selbst: „[…] that the theory presented here is relevant in any situation in world politics in which states have common or complementary interests that can only be realized through mutual agreement."[241] Eine Kooperation scheint hierbei von keinen der beiden Seiten gewünscht. Nehmen wir die Geschichte als Anhaltspunkt für zukünftige Entwicklungen, ist davon auszugehen, dass beispielsweise auch die UNO keine vermittelnde Rolle zwischen beiden Großmächten einnehmen kann, so wie sie es zwischen der UdSSR und den USA im kalten Krieg schon nicht vermochte.[242]

3. Zusammenführung der Anwendungsbereiche

3.1. Erklärungskraft beider Theorien

Die Volksrepublik China und die Vereinigten Staaten von Amerika stehen am Beginn des 21. Jahrhunderts in einem komplexen Verhältnis zueinander, und es ist zu erwarten, dass sich dieses in Zukunft noch intensivieren wird. Im wirtschaftlichen Bereich ist die VR China mit den Volkswirtschaften anderer Länder eng verbunden. Die USA hingegen sind mit einem Offenheitsgrad um die 20% relativ unabhängig, lediglich das Handelsdefizit gegenüber China macht sie wirtschaftlich in Teilen abhängig. Sowohl in rein wirtschaftlichen als auch in politischen Fragen verspricht sich die USA mit ihrer *engagement* Politik gegenüber China dabei einen Nutzen. Die wirtschaftliche Interdependenz beider Länder hat nach Ansicht der angegebenen Experten einen signifikanten Effekt auf die Stabilität des internationalen Systems.

---

[239] Realpolitik bezeichnet die pragmatische Gestaltung der Politik, fernab von ideologischen Auffassungen. Sie ist als Ausgangspunkt für die späteren realistischen und neorealistischen Schulen zu sehen, beispielsweise die letztlich die gemeinsame Ansicht der Staaten als *unitary-actors*, da sie Macht als objektive Größe anerkennt.

[240] Vgl. Kornblum, John, Henry Kissinger hat keine Angst vor China, in: http://www.welt.de/kultur/history/ article13439228/ Henry-Kissinger-hat-keine-Angst-vor-China.html (abgerufen am 10.05.2012).

[241] Keohane, After Hegemony, S. 247.

[242] Während des Kalten Krieges blockierten sich die beiden Großmächte, welche im Sicherheitsrat eine Veto Stimme besitzen, bei allen sie betreffenden sicherheitspolitischen Fragen. Zudem wurden sich auch für sicherheitspolitische Beratungen andere Arenen als der UN Sicherheitsrat gesucht. Vgl. Wolf, Klaus Dieter, Sechzig Jahre UNO, in: Wolf, Klaus Dieter, Die UNO. Geschichte, Aufgaben, Perspektiven, München 2010, S. 32-52, hier: S. 32f.

Im militärischen Bereich stechen zwei Annahmen deutlich heraus. Erstens ist für die nahe Zukunft in Asien weiterhin klassische Großmachtpolitik zu erwarten, bei der sich Staaten aufgrund von Unsicherheit durch *internes* und *externes balancing* zu schützen versuchen. Ebenso ist zukünftig mit einer Situation zu rechnen, bei der sich ein Großteil der Staaten in Asien und Australien zu einem von zwei Machtblöcken zusammenfinden werden, bei denen eindeutig die beiden Großmächte China und USA die führende Position einnehmen werden. Die Wahrscheinlichkeit eines offenen Konfliktes ist bei der *Hard Power* Politik insgesamt als gering einzuschätzen. Aufgrund eines zu erwartenden (annähernden) Machtgleichgewichtes liegt ein Konflikt nicht im Interesse der beiden Staaten. Verstärkt wird dies durch die (möglicherweise bald) vorhandene nukleare Zweitschlagsfähigkeit der Volksrepublik China.

Die derzeitig einzige Supermacht USA hat die Wahl, ob sie die Volksrepublik weiter aufsteigen lässt oder dies zu verhindern versucht. Vermutlich nutzen sie deshalb ihre *containment* und *engagement* Politik gegen China. Denn obwohl diese derzeit im wirtschaftlichen Bereich ein kooperationsfreudiges Verhalten an den Tag legen und in militärischen Bereichen zumindest nicht als aggressive Großmacht auftreten, mag dieses Verhalten nicht dauerhaft anhalten. Robert J. Art, der sich mit den Konsequenzen des chinesischen Aufstiegs auseinander gesetzt hatte, schreibt: „The strategy of a rising great power is not likely to be the strategy of a fully arrived great power."[243] Mit der *containment* Politik kann die USA einerseits seine Sicherheitsbestrebungen erhalten, andererseits mit der *engagement* Politik China aber soweit einbinden, dass diese eine friedliche Koexistenz eher befürworten werden.

Dargestellt sei dies anhand einer modifizierten Version des zu Beginn erläuterten Sicherheitsdilemmas:

Das Sicherheitsdilemma mit höheren Auszahlungen[244]

		China	
		Status Quo	Machtpolitischer Vorteil
USA	Status Quo	Stabilität **(5,5)**	Machtgewinn China **(1,3)**
	Machtpolitischer Vorteil	Machtgewinn USA **(3,1)**	Machtkonkurrenz **(2,2)**

---

[243] Art, The United States, S. 361. Vergleiche auch: Mearsheimer, China vs. USA, S. 89.
[244] Den Zusatznutzen einer wirtschaftlichen Kooperation können beide Staaten nur in einer Situation friedlicher Koexistenz nutzen, weshalb sich gegenüber dem normalen Sicherheitsdilemma die Werte nur bei „Stabilität" erhöht haben.

Die vom Neorealismus propagierte Unsicherheit gegenüber dem Kontrahenten in einer bipolaren Welt besteht weiterhin. Die vom Neoliberalismus propagierte Interdependenz kann die Unsicherheit zwar nicht außer Kraft setzen, sie jedoch weiter abmildern. Ein Konflikt wird so zwischen beiden Staaten sehr unwahrscheinlich. Der Sicherheitspolitiker Martin Wagner verfasst es deutlich: „In wirtschaftlicher Hinsicht sind die USA und China eine Ehe eingegangen – eine Scheidung wäre teuer."[245] Dass diese Scheidung in militärischer Hinsicht erst recht teuer werden würde, sollte durch die *Balance of Power* Politik deutlich geworden sein.

Für die wirtschaftliche Interdependenz muss abschließend aber noch eine Einschränkung angefügt werden. Für den Neorealismus gilt, dass man letztendlich nie sicher sein kann, wie sich ein anderer Staat unter Anarchie in Zukunft verhalten wird, um seine Sicherheit zu erhöhen.[246] Für den eigenen Staat bedeutet dies wiederrum stete Unsicherheit. Die trotz aller Prognosen letztendlich vorhandene Unwissenheit über die Absichten eines Staates, insbesondere über China, wurde von den angegebenen Experten mehrfach erwähnt.[247] Es wurde in diesem Zusammenhang die Befürchtung geäußert, dass die Volksrepublik China durch die Kooperation mit den USA sich lediglich bevorteilt, bis beide ebenbürtig sind, um die Interdependenzbeziehung zwischen beiden dann ebenfalls (wie im militärischen Bereich) zu beenden.[248] Würde diese Annahme aber nicht in weiten Teilen die neoliberalen Aussagen über die positiven Eigenschaften der Interdependenz aufheben? Nur bedingt, denn einerseits konnte gezeigt werden, dass die Interdependenz zwischen beiden Staaten zumindest für eine Zeit eine befriedende Wirkung entfaltet. Andererseits würde die Tatsache, dass die Volksrepublik China selbst Kooperationsbeziehungen mit seinem Kontrahenten eingehen muss, um zur Großmacht aufzusteigen, eine weitere Annahme des Neoliberalismus befürworten. Es sei nochmal darauf hingewiesen, dass der Neorealismus in beiden Fällen die konträre Meinung vertritt.[249] Deshalb hätte der Neoliberalismus auch in der Situation einer chinesischen Hinhaltetaktik eine zumindest geringe Erklärungskraft.

---

[245] Wagner, Die aufgeschobene Konfrontation, S. 113.
[246] Vgl. Waltz, The Origins of War, S. 624.
[247] Vgl. Mearsheimer, China vs. USA, S. 89.
[248] "[B]uying time for its economy to grow so that the nation can openly balance against the United States militarily and establish its own regional hegemony in East Asia." Layne, China's Challenge, S. 14.
[249] Für die negative Ansicht über Interdependenzen siehe Waltz, Theory of International Politics, S. 138. Für die Annahme, Interdependenz habe nur eine geringe Bedeutung für bestehende und werdende Großmächte siehe Masala, Kenneth N. Waltz, S. 62ff.

3.2. Second Image Ansätze als Erklärungen für das bilaterale Verhältnis

Die vom Neorealismus propagierte Annahme, dass das internationale System Staaten zu *Balance of Power* Politik bewegt, kam in unserem Forschungsrahmen deutlich hervor. Ebenso besitzt der Neoliberalismus mit seinen Annahmen über die Folgen der Interdependenz Erklärungskraft. An dieser Stelle soll noch kurz darauf eingegangen werden, was beide Theorien über das Verhältnis der Großmächte nicht klären können. Blicken wir dazu zurück auf das *externe balancing* beider Staaten in Asien und seinen angrenzenden Gebieten. Es fällt auf, dass sowohl die USA als auch die VR China sammeln unter sich Staaten, welche in der Regel mit ihrem Staatssystem übereinstimmen. Während die USA vor allem Bündnisse mit demokratischen Staaten schließt, versammeln sich beispielsweise in der SCO jene, welche wie die Volksrepublik autokratische bis zweifelhaft demokratische Staatsformen (Russland) installiert haben.[250] Der Neorealismus und der Neoliberalismus können lediglich erklären, warum sich Staaten zusammenschließen (hohe Unsicherheit) oder es nicht tun (geringe Unsicherheit durch hohe Interdependenz), nicht jedoch, wie sie sich anordnen. Dies ist jedoch auch nicht das Ziel beider Theorien gewesen.[251]

Inwieweit eine demokratische Volksrepublik China die Sorgen der USA vermindern würde, kann an dieser Stelle nicht geklärt werden, zumal die Literatur einen solchen Wechsel nicht vermutet. Die Annahmen der bereits erwähnten *democratic peace theory*, die für diesen Fall eine friedliche Entwicklung unterstellt, wird aber in unserem Forschungskontext von den meisten Experten abgelehnt.[252]

---

[250] Vgl. Bailes, The Shanghai Security Cooperation, S. 9.
[251] Vgl. Masala, Internationale Politik, S.32f u. Schimmelpfennig, Internationale Politik, S. 90.
[252] Vgl. Layne, China's Challenge, S. 13.

IV. Fazit

Im Jahre 1910 veröffentlichte der englische Historiker Norman Angell seinen Aufsatz *The Great Illusion,* welches seinerzeit großen Anklang fand. Angell schrieb darin, dass aufgrund von der hohen wirtschaftlichen Interdependenz zwischen dem Deutschen Reich und England ein Krieg zwischen diesen in näherer Zukunft nicht auftreten wird.[254] Die Geschichte belehrte ihn einige Jahre später eines Besseren.

In der Zeit des Kalten Krieges standen sich zwei Großmächte ebenfalls gegenüber. Doch diesmal kam es trotz vieler Spannungen in über vierzig Jahren zu keinem Krieg zwischen beiden.

Worin lag der entscheidende Unterschied zwischen beiden Situationen? Für Kenneth N. Waltz, Begründer des Neorealismus, war der Grund hierfür nicht in der Interdependenz zu suchen. Ebenfalls auf Grundlage des 1. Weltkrieges verweisend, sah er sich darin bestätigt, dass die Unsicherheit zwischen Staaten innerhalb der anarchischen Weltordnung nicht wesentlich unterbunden werden können. In der Annahme von Waltz war der Grund des Weiteren nicht – oder nur teilweise – in der Existenz von Nuklearwaffen zu suchen.

Für Waltz war es das sich stetig erneuende Machtgleichgewicht zweier Großmächte in der Phase der Bipolarität, welche eine ungewöhnlich stabile Zeit hervorbrachte.

Ein Teil dieser Arbeit bestand darin zu zeigen, dass wir uns in etwa zwei Jahrzehnten wieder – Waltz Definition vorausgesetzt – in einer bipolaren Weltordnung zwischen den USA und der Volksrepublik China befinden werden, da beide bedeutend mehr *capabilities* als alle weiteren regionalen Großmächte besitzen werden.

Anhand dieser Prognose und den Annahmen von Waltz wäre zu schließen, dass es zwischen beiden Großmächten zu keiner Kooperation kommen wird.

Ist von dieser Situation auszugehen? Die Antwort hierzu muss lauten: „Ja, aber…!"

Wir befinden uns in der paradoxen Situation, dass China und die USA in sicherheitspolitischen Kontext sich sehr nahe an neorealistischen Annahmen verhalten, indem

---

[253] Waltz, Kenneth N., Nachwort, in: Masala, Carlo, Kenneth N. Waltz. Einführung in seine Theorien und Auseinandersetzung mit seinen Kritikern, Baden-Baden 2005, S. 131-136, hier: S. 133
[254] Vgl. Art, The United States, S. 366.

sie aufgrund von Unsicherheit *Balance of Power* Politik gegeneinander betreiben und Kooperationen vermeiden.

Gleichzeitig befinden sie sich in wirtschaftlichen Fragen in einer gegenseitigen interdependenten Beziehung, die sich – wie vom Neoliberalismus vorhergesagt – beruhigend auf das Verhältnis zueinander auswirkt. Beide Theorien haben daher Aussagekraft für unser Betrachtungssubjekt.

Da es aber weder Interdependenz in militärischen Bereichen zwischen beiden Staaten gibt, noch generell einen Einfluss von Regimen, und die Unsicherheit zumindest noch so groß ist, dass man durch *balancing* sich auf Konflikte einstellt, ist der Neorealismus deshalb insgesamt besser geeignet, die zukünftige Entwicklung der Beziehung beider Staaten zu beschreiben. Interdependenz ist hier als unabhängige Variable einzustufen, ja, aber ihre Bedeutungskraft muss als geringer als die unabhängige Variable Unsicherheit eingestuft werden. Zumal die Interdependenz möglicherweise nicht von Dauer sein wird.

Welche Prognosen lassen sich mit diesen Erkenntnissen für die Zukunft gewinnen? Mit Rückgriff auf das eingangs erwähnte Zitat lässt sich festhalten, dass *Balance of Power* Politik die beiden Großmächte in einer bipolaren Weltordnung in eine Situation manövriert, bei der sie wissen, dass ein direkter militärischer Konflikt höchstwahrscheinlich für beide einen negativen Nutzen bringt. Diese Konstellation wird durch die wirtschaftliche Verflechtung weiter verstärkt. Eine friedliche Zukunft ist dadurch nicht garantiert, aber sie ist wahrscheinlich.

Möglicherweise wird es dann, in ferner Zukunft, von dem zu diesem Zeitpunkt dann ehemaligen Vorsitzenden des chinesischen Zentralkomitee, mit Rückblick auf das Verhältnis zwischen seinem Land und den USA in der ersten Hälfte des 21. Jahrhunderts, erst recht heißen: „He was, so to speak, both my partner and my adversary."

V. Inhaltsverzeichnis

Art, Robert J., The United States and the Rise of China. Implications for the Long Haul, in: Political Science Quarterly 125.3, 2010, 359-391.

Axelrod, Robert u. Keohane, Robert O., Archiving Cooperation under Anarchy. Strategies and Institutions, in: Baldwin, David A. (Hg.), Neorealism and Neoliberalism. The Contemporary Debate, New York 1993, S. 85-115.

Bailes, Alyson J.K. u.a., The Shanghai Cooperation Organization, in: SIPRI Policy Paper 17, 2007.

Brzezinski, Zbigniew, Strategic Vision. America and the Crisis of Global Power, New York 2012.

Central Intelligence Agency, Taiwan, in: https://www.cia.gov/library/publications/the-world-factbook/geos/tw.html (abgerufen am 04.05.2012).

Chen, Sean u. Feffer, John, China's Military Spending. Soft Rise of Hard Threat?, in: Asian Perspective 33.4, 2009, S. 47-67.

Cho, Hyekyung, Die USA – ein unbequemer Patron für Chinas Wirtschaftswunder, in: Das Argument 48.5, 2006, S. 40-51.

Christensen, Thomas J., China, the U.S.-Japan Alliance, and the Security Dilemma in East Asia, in: International Security 23.4, 1999, S. 49-80.

Christensen, Thomas J., Chinese Realpolitik, in: Foreign Affairs 75.5, 1996, S. 37-52.

Department of Defense, Annual Report to Congress, in: http://www.defense.gov/pubs/pdfs/2011_cmpr_final.pdf (abgerufen am 08.04.2012).

Diekmann, Berend u. Meures, Martin, Der Offenheitsgrad einer Volkswirtschaft, in: www.wirtschaftsdienst.eu/downloads/getfile.php?id=2065 (abgerufen am 29.04.2012).

Gilmore, Dan, Supply Chain News. Rethinking China, in: http://www.scdigest.com/assets/FirstThoughts/11-04-28.php?cid=4492 (abgerufen am 04.05.2012).

Grieco, Joseph M., Anarchy and the Limits of Cooperation. A Realist Critique of the Newest Liberal Institutionalism, in: Baldwin, David A. (Hg.), Neorealism and Neoliberalism. The Contemporary Debate, New York 1993, S. 116-142.

Ikenberry, John G., The Rise of China and the Future of the West. Can the Liberal System survive, in: Foreign Affairs 87, 2008, 23-37.

International Monetary Fund, World Economic Outlook Database, in: http://www.imf.org/external/pubs/ft/weo/2011/02/weodata/index.aspx (abgerufen am 13.04.2012).

Kaplan, Robert D., How we would fight China, in: http://www.theatlantic.com/magazine/archive/2005/06/how-we-would-fight-china/3959/ (abgerufen am 27.03.2012), S. 1-5.

Kaplan, Robert D., The Geography of Chinese Power, in: Foreign Affairs 89.3, 2010, S. 22-41.

Keohane, Robert O., After Hegemony. Cooperation and Discord in the World Political Economy, Princeton 1984.

Keohane, Robert O. u. Martin, Lisa L., The Promise of Institutionalist Theory, in: International Security 20.1, 1995, S. 39-51.

Keohane, Robert O. u. Waltz, Kenneth N., Correspondence. The Neorealist and His Critic, in: International Security 25.3, 2000, S. 204-205.

Kornblum, John, Henry Kissinger hat keine Angst vor China, in: http://www.welt.de/kultur/history/ article13439228/ Henry-Kissinger-hat-keine-Angst-vor-China.html (abgerufen am 10.05.2012).

Layne, Christopher, China's Challenge to US Hegemony, in: Current History 107, 2008, S. 13-18.

Layne, Christopher, The Unipolar Illusion. Why New Great Powers will rise, in: International Security 17.4, 1993, S. 5-51.

Masala, Carlo, Kenneth N. Waltz. Einführung in seine Theorien und Auseinandersetzung mit seinen Kritikern, Baden-Baden 2005.

Mearsheimer, John J., China vs. USA. Der aufziehende Sturm, in: Blätter für deutsche und internationale Politik 10.10, 2010, S. 87-100.

Mearsheimer, John J., The False Promise of International Institutions, in: International Security 19.3, 1995, S. 5-49.

Moravcsik, Andrew, Is anybody still a Realist?, in: International Security 24.2, 1999, S. 5-55.

OECD, Economic Growth and Productivity, in: http://www.oecd.org/countrieslist /0,3351,en_33873108_33844430_1_1_1_1_1,00.html (abgerufen am 11.04.2012).

Paludkiewicz, Karol; Paula, Georg u. Wohlrabe, Klaus, Die BRIC-Staaten. Ein ökonomischer Vergleich, in: Ifo Schnelldienst 23/2010, S. 42-50.

Powell, Robert, Absolute and Relative Gains in International Relations Theory, in: Baldwin, David A. (Hg.), Neorealism and Neoliberalism. The Contemporary Debate, New York 1993, S. 209-233.

Roach, Stephan S., Chinas Stabilitätsgambit, in: http://www.project-syndicate.org/commentary/china-s-stability-gambit/german (abgerufen am 01.04.2012).

Sai, Ding u. Knight, John, Why has China Grown so Fast?. The Role of Structural Change, in: http://www.economics.ox.ac.uk/research/WP/pdf/paper415.pdf (abgerufen am 29.04.2012), S. 1-65.

Schimmelpfennig, Frank, Internationale Politik, 2. Aufl., Paderborn 2010.

Schörnig, Niklas, Neorealismus, in: Schieder, Siegfried u. Spindler, Manuela (Hg.), Theorien der Internationalen Beziehungen, 2. Aufl., Opladen 2006, S. 65-92.

Shouten, P., Theory Talk #40. Kenneth Waltz – The Physiocrat of International Politics, in: http://www.theory-talks.org/2011/06/theory-talk-40.html (abgerufen am 09.04.2012).

Singer, David, CINC, in: http://correlatesofwar.org/ COW2%20Data/Capabilities/ NMC _v4_0.csv (abgerufen am 14.04.2012).

SIPRI, Military Expenditure Database, in: http://milexdata.sipri.org/ files/download/? key=349bf1713ba1e9ee9c5bd138c1618ce1&file=SIPRI+milex+data+1988-2010.xls (abgerufen am 02.04.2012).

Snidal, Duncan, Relative Gains and the Pattern of International Cooperation, in: Baldwin, David A. (Hg.), Neorealism and Neoliberalism. The Contemporary Debate, New York 1993, S. 170-208.

Spiegel Online, Chinas Schiffskiller alarmiert US-Militärs, http://www.spiegel.de/politik/ ausland/0,1518,736927,00.html (abgerufen am 17.04.2012).

Spiegel Online, Länderlexikon USA, http://www.spiegel.de/thema/usa/ (abgerufen am 13.04.2012).

Spiegel Online, Länderlexikon VR China, in: http://www.spiegel.de/ thema/volksrepublik_ china/ (abgerufen am 13.04.2012).

Stein, Arthur, Coordination and Collaboration. Regimes in an Anarchic World, in: Baldwin, David A. (Hg.), Neorealism and Neoliberalism. The Contemporary Debate, New York 1993, S. 29-59.

Ten Brink, Tobias, Kooperation oder Konfrontation?. Der Aufstieg Chinas in der globalen politischen Ökonomie, in: MPIfG Working Paper 11.7, 2011, S. 1-25.

Umbach, Frank, Geostrategische und geoökonomische Aspekte der chinesischen Sicherheits- und Rüstungspolitik zu Beginn des 21. Jahrhunderts. Die Verknüpfung traditioneller Sicherheitspolitik mit Ressourcenfragen im geopolitischen Denken Chinas, in: Schubert, Gunter (Hg.), China. Konturen einer Übergangsgesellschaft auf dem Weg in das 21. Jahrhundert, Hamburg 2001, S. 341-374.

United Nations Conference, UNCTAD Stat, in: http://unctadstat.unctad.org/ TableViewer/tableView.aspx?ReportId=96 (abgerufen am 17.04.2012).

Varian, Hal R., Grundzüge der Mikroökonomik, 8. Aufl., München 2011.

Wagener, Martin, Die aufgeschobene Konfrontation. Warum China und die USA (noch) kooperieren, in: Internationale Politik 66.5, 2011, S. 112-119.

Walt, Alliance Formation and the Balance of World Power, in: Security Studies 9.4, 1985, S. 3-43.

Waltz, Kenneth N., Contention and Management in International Relations. Power and the Pursuit of Peace, in: World Politics 17.4, S. 720-744.

Waltz, Kenneth N., Man, the State and War. A Theoretical Analysis, New York 2001.

Waltz, Kenneth N., Nachwort, in: Masala, Carlo, Kenneth N. Waltz. Einführung in seine Theorien und Auseinandersetzung mit seinen Kritikern, Baden-Baden 2005, S. 131-136.

Waltz, Kenneth N., Reflections on Theory of International Politics. A Response to my Critics, in: Keohane, Robert O., Neorealism and Its Critics, New York 1986, S. 322-346.

Waltz, Kenneth N., Structural Realism after the Cold War, in: International Security 25.1, 2000, S. 5-41.

Waltz, Kenneth N., The Emerging Structure of International Politics, in: International Security 18.2, 1993, S. 44-79.

Waltz, Kenneth N., The New World Order, in: Millenium. Journal of International Studies 22.2, 1993, S. 187-195.

Waltz, Kenneth N., The Origins of War in Neorealist Theory, in: The Journal of Interdisciplinary History 18.4, 1988, S. 615-628.

Waltz, Kenneth N., The Stability of a Bipolar World, in: Daedalus 93.3, 1994, S. 881-909.

Waltz, Kenneth N., Theory of International Politics, Boston 1979.

Waltz, Kenneth N., Theory of International Relations, in: Greenstein, Fred u. Polsby, Nelson W. (Hg.), Handbook of Political Science. International Politics 8, Massachusetts 1975, S. 1-86.

Wen, Chen, Containment or Engagement?. Experts share thoughts on U.S.-Sino relations at the fifth China-U.S. Relations Conference, in: http://www.bjreview.com.cn/report/txt/2011-10/26/content_400818.htm (abgerufen am 08.05.2012).

Wolf, Klaus Dieter, Sechzig Jahre UNO, in: Wolf, Klaus Dieter, Die UNO. Geschichte, Aufgaben, Perspektiven, München 2010, S. 32-52.

Yeisley, Mark, Bipolarity, Proxy Wars and the Rise of China, in: Strategic Studies Quarterly 5.4, 2011, S. 75-91.

Yiwei, Wang, China's Rise. An Unlikely Pillar of US Hegemony, in: Harvard International Review 29.1, 2007, S. 56-59.

Zeit Online, China bestellt US-Botschafter ein, in: www. zeit.de/politik/ausland/2011-09/china-usa-taiwan (abgerufen am 04.05.2012).

Zeit Online, Verteidigungshaushalt. US-Regierung kürzt Militär das Budget, in: http://www.zeit.de/politik/ausland/2012-01/usa-militaer-haushalt (abgerufen am 07.04.2012).